ENSINAR APRENDENDO

NOVOS PARADIGMAS NA EDUCAÇÃO

IÇAMI TIBA

RENSINARENS

IÇAMI TIBA

ENSINAR APRENDENDO

NOVOS PARADIGMAS NA EDUCAÇÃO

INTEGRARE
EDITORA

Copyright © 2006 Içami Tiba
Copyright © 2006 Integrare Editora Ltda.

Publisher
Maurício Machado

Produção editorial e acompanhamento
Miró Editorial

Preparação de texto
Márcia Lígia Guidin

Revisão de provas
Renata Del Nero
Rosamaria Gaspar Affonso
Cid Camargo

Projeto gráfico de capa e miolo
Alberto Mateus

Diagramação
Crayon Editorial

Foto da 4ª capa
André Luiz M. Tiba

Dados Internacionais de Catalogação na Publicação (CIP)
(Câmara Brasileira do Livro, SP, Brasil)

Tiba, Içami
    Ensinar aprendendo : novos paradigmas na educação
/ Içami Tiba. – 18. ed. rev. e atual. – São Paulo : Integrare
Editora, 2006.

    Bibliografia.
    ISBN 85-99362-04-6

    1. Professores e estudantes 2. Psicologia educacional
3. Sala de aula - Direção I. Título.

06-1484   CDD-371.1023

Índices para catálogo sistemático:

1. Alunos e professores : Relações : Educação : 371.1023
2. Professores e alunos : Relações : Educação : 371.1023
3. Sala de aula : Administração : Educação : 371.1023

Todos os direitos reservados à INTEGRARE EDITORA LTDA.
Rua Tabapuã, 1123, 7º andar, conj. 71/74
CEP 04533-014 - São Paulo - SP - Brasil
Telefax: (55) (11) 3562-8590
visite nosso site: www.integrareeditora.com.br

AGRADECIMENTOS E DEDICATÓRIA

Não existe alguém
que nunca teve um professor na vida,
assim como não há ninguém
que nunca tenha tido um aluno.

Se existem analfabetos,
provavelmente não é por vontade dos professores.
Se existem letrados,
é porque um dia tiveram seus professores.
Se existe Prêmio Nobel,
é porque alunos superaram seus professores.
Se existem grandes sábios,
é porque transcenderam suas funções de professores.

Quanto mais se aprende, mais se quer ensinar.
Quanto mais se ensina, mais se quer aprender.

Içami Tiba

Agradeço a todos os professores a quem
a humanidade entregou seus amados filhos.

Dedico este livro a todos os professores que
batalham por uma Educação Integral,
tornando este mundo cada vez melhor.

ENSINAR E APRENDER: DUAS FACES DA MESMA MOEDA

ENSINAR E APRENDER são duas faces da mesma moeda. Só podemos ensinar aquilo que já aprendemos e, além disso, aprendemos ainda mais quando ensinamos. Neste livro que você tem em mãos, o autor trata com maestria dos diferentes aspectos dessa valiosa lição. *Ensinar Aprendendo* é uma obra essencial ao professor que deseja compreender seus alunos, respeitando suas diferenças, favorecendo a criação de um ambiente escolar que realmente o prepare para o melhor desempenho em todos os níveis do comportamento humano: biológico, psicológico e social. Ler este livro e absorver seus ensinamentos ajuda a compreender que o aprendizado transcende a sala de aula – ele está em todo lugar. A quantidade de informações disponíveis e a velocidade com que circulam fazem com que o professor tenha o desafio de ser cada vez mais completo, sabendo lidar com essas fontes e com o aluno que, a cada dia, trilha novos caminhos e neles pode se perder.

Mas o interesse do livro não se restringe aos professores. Ele é igualmente instigante e esclarecedor para pais e educadores preocupados em entender a relação entre as transformações que vivem os jovens e seu comportamento diante do aprender a aprender.

Esse aprendizado só se completa quando dá especial atenção à formação integral dos jovens, aquela que transmite valores de cidadania, responsabilidade e solidariedade, e Içami Tiba sabe transmitir tudo isso.

De maneira clara e saborosa, o autor convida professores e mestres para passearem pelas entrelinhas da prática docente, mostrando com leveza e humor a seriedade na arte de bem educar.

Faça parte dessa maravilhosa viagem.

Milú Villela
Diretora Presidente do
Instituto Faça Parte

Sumário

MENSAGEM DE MILÚ VILLELA 07
PREFÁCIO, MAURO DE SALLES AGUIAR 13
NOTA À PRESENTE EDIÇÃO 17
NOTA À PRIMEIRA EDIÇÃO 19

CAPÍTULO 1 UM NOVO CAMINHO PARA A EDUCAÇÃO 23

Insatisfação geral com a Educação presente 25
Indisciplina 27
Ensinar aprendendo 28
Novo paradigma: de professor a orientador 30
Teoria Integração Relacional 33
Uma idéia sobre a *Teoria Integração Relacional* 36
O beija-flor e o incêndio na floresta 36

CAPÍTULO 2 APRENDER É COMO COMER 39

Etapas do aprender 40
"Mastigando" a aula 41
Canjas e feijoadas 44
Engolir a aula 45
Digestão da aula 46
Integração da aula 49
Transformando aula em sabedoria 50

CAPÍTULO 3 OS PASSOS DA SABEDORIA 53

Primeiro passo: a ingenuidade 54
Segundo passo: a descoberta 55
Terceiro passo: o aprendizado 56
Quarto passo: a sabedoria 57
As dificuldades da jornada 58
Anorexia do saber 60
A curiosidade é sua aliada 64

CAPÍTULO 4 PROFESSORES E MESTRES 69

Ensinar é um gesto de amor 70
Professores e mestres 70
Buscando ser mestre 72
Caminhando pela Integração Relacional 73
Sábio, o que transcende o mestre 75
Mais uma anônima transcendência 77

CAPÍTULO 5 UM BANHO DE HORMÔNIOS 79

Desenvolvimento humano 80
A transformação do cérebro na puberdade 81
Alunos conforme suas etapas de desenvolvimento 82
Estrogênio e testosterona em ação 87
Conflito de interesses afetivos 90
Força relacional quase instintiva 92
Dois modos diferentes de ser 93

CAPÍTULO 6 O SEGUNDO PARTO 97

Cérebro em transformação no adolescente 98
Mania de Deus 100
Cérebro imaturo do onipotente juvenil 102
Mimetismo e embriaguez relacional 104

CAPÍTULO 7 ESTUPRO MENTAL 107

Estupradores mentais 108
Quem se lembra da aula passada? 110
Expressar e transmitir 112

CAPÍTULO 8 "DECOREBA": A INDIGESTÃO DO APRENDIZADO 115

As provas escritas 116
Inteligências múltiplas de Gardner 120
Raciocínios que induzem a erro 121
Memorizar a informação 123

CAPÍTULO 9 INDISCIPLINA NA ESCOLA E NA SALA DE AULA 125

Escola, mais que família, menos que sociedade 126
Intolerância aos atrasos dos alunos 127
Conseqüência educativa progressiva 129
Educação deve vir de casa? 131
Causas da indisciplina dos alunos 134
O "avental" que protege o professor 135
O uso do avental 136
Educar ou punir? 138
Educar filhos para a cidadania 141

CAPÍTULO 10 EDUCAÇÃO A SEIS MÃOS 145

Pais discordantes entre si 146
Integração entre pais e escola 147
"Meu pai tem revólver!" 149
Freqüência dos pais na escola 151
Defende a escola quem a ela pertence 154
Turma dos pais da turma de amigos 156

CAPÍTULO 11 **ALUNOS E PROFESSORES: OS TIPOS MAIS COMUNS**.....159

Vinte e um tipos de alunos.. 161
Dez tipos de professores 165
Professor nota 10 175

CONCLUSÃO 177
BIBLIOGRAFIA 179
SOBRE O AUTOR 181

PREFÁCIO

Ensinar Aprendendo. Novos Paradigmas na Educação é um grande livro de Içami Tiba. Mais uma vez, fomos brindados com uma reflexão séria sobre Educação. Séria, mas não sisuda; pelo contrário, acessível a todos e até bem-humorada.

Dirigido a educadores em geral, o livro já começa tocando nas feridas, nas dificuldades da sala de aula: Seria possível ensinar, quando os alunos não têm interesse em aprender? O problema é analisado sob três pontos de vista fundamentais: aluno, professor e qualidade das aulas.

No livro, uma aula é comparada a uma refeição e, para que ela não cause indigestão no aluno, cabe ao educador entender os motivos pelos quais o aluno rejeita seu alimento-aula. O autor chama de "inapetência de saber" o desinteresse do aluno, manifestado na indisciplina ou na indiferença. A superação do problema passa pela compreensão de que o aluno não está preparado para aprender, quer por falta de maturidade para assimilar a informação (ou a forma como ela é veiculada), quer por falta de clareza de limites (papel que a família tem delegado à escola).

13

De acordo com a *Teoria Integração Relacional*, o aluno chega à escola despreparado para as práticas de aprendizagem, que exigem dele a prontidão para a aula. Muitas vezes, o jovem, por falha na educação familiar, tem com o mundo uma relação primária de prazer e desprazer, a partir da qual todo esforço deve ser rejeitado. Desse modo, a aula passa a ser uma guerra, na qual o professor tenta vencer a resistência do aluno. Nem sempre obtém sucesso...

Constatar o problema e reclamar dele são atitudes que não resolvem nada. Se a escola não consegue cumprir seu papel de ensinar, precisa assumir, com os pais e os alunos, a tarefa da *formação*. O grande desafio é integrar o aluno e, para fazê-lo, é necessário mais que o conhecimento, é preciso fazer um trabalho que desperte a responsabilidade, o comprometimento do aluno e de sua família; enfim, é uma tarefa que supõe necessariamente a ética.

Como se vê, não podemos culpar apenas o aluno pelo insucesso das práticas de ensino. Com coragem, Içami Tiba responsabiliza também os professores e suas dinâmicas de aula, incompatíveis com a nova realidade do jovem e da sociedade globalizada.

Embora seja médico e psicoterapeuta de formação, Içami Tiba é educador por dedicação. Há anos realiza em escolas a difícil prática de ensinar e aprender, com a qual ganhou a respeitabilidade que lhe permite dizer que *o professor deve mudar sua postura diante das tradicionais e novas dificuldades.*

Para ser bem-sucedido, o professor deve tornar-se um mestre, isto é, além de transmitir o conhecimento, precisa estar aberto para recebê-lo. Deve enxergar as reais necessidades e os limites do aluno, aprender com ele, estar em constante reciclagem para que suas aulas se tornem dinâmicas: deve despertar o apetite pelo saber.

PREFÁCIO

O saber consiste em ensinar e aprender. E ninguém pode estimular o saber se não o pratica.

Em tempos de globalização, o saber não é só o acúmulo de informações, mas um conjunto de capacidades adquiridas e desenvolvidas na escola que tornam o jovem apto a enfrentar os desafios da vida profissional; por isso, o professor e a escola devem cumprir seu importante papel social: educar para o futuro. O projeto de criar cidadãos deve ser compartilhado entre a escola, a família e a sociedade como um todo.

Com este grande livro, Içami Tiba fez sua parte: levantar problemas, analisar implicações, sugerir mudanças.

Cabe-nos, agora e sempre, como educadores, pôr mãos à gigantesca obra que nos compete.

Mauro de Salles Aguiar
Diretor-presidente,
Colégio Bandeirantes

Nota à
Presente Edição

Estamos em plena era do conhecimento, mas muitas escolas ainda estão na era da informação. Mesmo que o professor, em aula, passe seus conhecimentos aos alunos, estes os recebem apenas como informações. Informação é um dado que pode ser obtido em qualquer lugar. Um dicionário parado, por exemplo, é uma fonte de informações. Conhecimento, em vez disso, é uma informação em ação, ou seja, tudo que se usa para uma ação consciente faz parte do corpo de conhecimentos. Em geral, o conhecimento traz informações dentro de si, mas nem toda informação evolui para o conhecimento.

O professor contemporâneo complementa sua aula auxiliando os alunos na transformação da mera informação em conhecimento.

Entretanto, o novo paradigma da Educação escolar está no fato de o professor saber que está ajudando a construir o país, o nosso querido Brasil, quando capacita o aluno a ser um competente profissional e um cidadão consciente da sua importância na composição da sociedade.

Talvez o leitor não veja novidade no que eu falo. Compreendo até que muitos tenham esta informação, mas são poucos os professores que praticam este conhecimento.

O professor, uma classe específica de trabalhadores, leva uma vida muito sacrificada, com excesso de trabalho e baixa remuneração. Muitas queixas delatam as precárias condições de seu trabalho: excesso de alunos em classe; alunos indisciplinados e pouco interessados em aprender; programa pedagógico muito extenso; formação acadêmica insuficiente dos mestres; falta de recursos materiais; "a culpa é do governo" etc.

Minha prática no trabalho com os professores me permite concordar com tais queixas, e sei que existem muitas outras a serem acrescentadas a essa lista. Entretanto, nós, como educadores, podemos fazer muito mais do que estamos fazendo, pois não há preço que pague a importância e dignidade desta função.

Quanto custa para um país um mau governante? Quais são os danos ao planeta, provocados por empresários inescrupulosos? Qual é o mal que causa à sociedade um não-cidadão? Quanto pesa ao país um analfabeto ou semi-alfabetizado? Quanto sofre uma família que não encontra meios nem para sobreviver? Qual é a qualidade de vida de uma pessoa sem estudos? Tais perguntas levam à mesma conclusão: os educadores têm muito trabalho pela frente, pois não há nem como avaliar a falta que faz a Educação na vida de uma pessoa.

Cabe ao educador cidadão a reconstrução do Brasil; cada aula pode ser um "tijolinho" a ser integrado na constituição da sociedade, e a educação é sangue que leva o conhecimento para alimentar, formar e organizar a cidadania progressiva e ética existente em cada aluno – tão importante e necessária para a civilização.

Içami Tiba

NOTA À
PRIMEIRA EDIÇÃO

UMA DAS MAIORES SOLICITAÇÕES para palestras nas escolas a que tenho atendido é para trabalhar o relacionamento professor-aluno. No contato com os professores, percebi a grande carência de noções básicas sobre psicologia e adolescência.

Para atender à demanda dos professores e educadores em geral, procurei colocar a psicologia ao alcance de todos por meio de uma linguagem acessível e fácil de ser compreendida, sem perder significados nem profundidade.

Tal prática eu tive de adquirir ao lidar com adolescentes e seus familiares, para me fazer entender, independentemente das idades ou das profissões que tivessem os meus atendidos. Assim, ao ser entendido pelos meus pacientes, passei a ser entendido pela população leiga, distante da psicologia tradicional.

Mas não me satisfiz realizando essa facilitação comunicacional. Eu acreditava que poderia fazer mais, e fiz. Criei a *Teoria Integração Relacional*, uma teorização do desenvolvimento do relacionamento integral entre as pessoas, baseada em amor, disciplina, religiosidade, gratidão, ética e cidadania.

Dessa teoria faz parte também o relacionamento professor-aluno. E os maiores problemas desse relacionamento surgem quando desabrocha a adolescência.

Numa linguagem coloquial e sem sofisticações tecnológicas, a teoria oferece subsídios fundamentais para o entendimento psicológico das dificuldades relacionais e sugestões práticas, capacitando o professor a melhorar a qualidade do ensino dentro das salas de aula e, conseqüentemente, da Educação.

Este livro contém parte dessa teoria, suficiente para a compreensão do texto. Para as pessoas interessadas, essa teoria será publicada em breve, em outra obra totalmente dedicada a ela.

Neste livro, abordo os principais componentes do relacionamento professor-aluno. De início, faço uma correlação entre *aprender* e *comer* – e o professor é o mestre-cuca da sua matéria. Falo ainda sobre "o caminho das pedras" para que o aprendiz, da ingenuidade, chegue à sabedoria.

As desvantagens do atual sistema de ensino, como os tipos de aula e de avaliação, são estudadas nos capítulos 7, 8 e 9, que abordam temas como indisciplina em sala de aula, "decorebas" e "estupros mentais".

Como o bom humor faz parte da vida, no capítulo final vamos identificar 21 tipos mais comuns de alunos que dão tanto trabalho a 11 tipos de professores mais comuns...

Finalizo o livro com o essencial, que *é a Educação a seis mãos*, um eficiente método no qual a escola conta com a colaboração do pai e da mãe do aluno.

Tenho certeza de que este livro vai ajudar o leitor a compreender mais a adolescência, seu funcionamento, as

NOTA À PRIMEIRA EDIÇÃO

melhores maneiras de lidar com adolescentes. Tudo deve ser usado para que as aulas deixem de ser um simples derramar expositivo de informações sobre os alunos, e passem a enriquecê-los com conhecimentos que os tornarão competentes profissionais, cidadãos éticos e pessoas felizes e realizadas.

CAPÍTULO 1

UM NOVO CAMINHO PARA A EDUCAÇÃO

Os alunos não respeitam
os educadores e não estão aprendendo
o que precisam.

Os educadores
estão com baixa auto-estima e não
estão conseguindo dar o melhor de si.

As escolas precisam
atualizar seus métodos de ensino
e fortalecer a educação continuada
de seus professores.

A educação,
que ainda está na era da informação,
precisa avançar para a era do conhecimento.

Não podemos aceitar
passivamente essas situações retrógradas.

Precisamos encontrar
novos caminhos!

Insatisfação geral com a Educação presente

Professor, você está satisfeito com a situação da Educação hoje? Caso a resposta seja sim, por favor, divulgue o seu método de trabalho. Do contrário, pode admitir, sem escrúpulos, as suas insatisfações. A maioria quase esmagadora dos professores está desgastada, lutando contra muitas dificuldades para se manter em suas funções. A existência da Educação entrou em crise.

Durante muitos séculos, o ensino baseou-se num paradigma: o professor ensinando alunos em sala de aula. Segundo esse critério, o professor é detentor dos conhecimentos e os transmite a um grupo de estudantes, que os recebe como informações, para depois devolverem o que aprenderam por intermédio de provas.

Mas o fato de devolverem nas provas, como os professores querem, significa que os alunos aprenderam?

Outra vez a maioria esmagadora dos alunos repassa o que recebeu exatamente como recebeu, mais para "agradar" e/ou satisfazer o professor do que para mostrar que aprendeu. Aliás, após as provas, os alunos pouco se lembram do que tanto estudaram.

O maior agravante desse tipo de avaliação é que as questões só servem para aprovação, e pouco servem para a prática dos adolescentes.

**O que cai na prova escolar
não é o que a vida do aluno lhe pede,
mas, sim, o que o professor exige.**

Não são consideradas as diferenças existentes entre crianças, adolescentes e adultos em salas de aula. São todos estudantes, e como tais são tratados, sendo-lhes negadas distinções conforme as suas características e etapas de desenvolvimento. E todos os estudantes devem apresentar o mesmo desempenho, sentados nas mesmas carteiras...

Nos últimos anos, a Educação deixou de ser prioritária nos programas políticos; por isso, o sistema escolar começou a entrar em falência, deixando de atingir suas metas, quaisquer que fossem. Os maiores prejudicados, claro, foram os professores e os alunos. Se os estudantes são o futuro de um país, como são preparados para receber o Brasil que lhes vamos deixar?

As conseqüências imediatas dessa situação são o desinteresse dos alunos em aprender e a diminuição da capacitação do professor para ensinar. Repetências, migrações e abandonos escolares são ocorrências muito freqüentes, que acabam escapando do controle de seus responsáveis.

Às deficiências do método soma-se outro problema grave: a falta de respeito por parte dos alunos. O relacionamento entre professores e alunos está tão deteriorado que não é raro haver "ódio mortal entre eles". Alunos, muitas vezes, tratam os professores como se fossem seus empregados, o que atrapalha profundamente o relacionamento entre eles.

O interessante é que o sistema educacional entra em falência numa época em que as crianças vão para a escola cada vez mais cedo. Ainda nem bem entraram no processo de socialização familiar e lá vão elas, aos 2 anos de idade, participar da socialização comunitária na escola.

Muitos dos professores desses alunos de hoje começaram a ir para a escola um pouco mais crescidos, pois tinham suas mães presentes em casa. Tiveram, portanto, muita convivência familiar, enquanto a escola cumpria sua parte, fornecendo uma educação complementar.

Hoje, não. A mãe trabalha fora, ausenta-se de casa por muitas horas, e, com o mercado de trabalho cada vez mais competitivo, o pai tem menos tempo para dedicar-se à educação dos filhos. Como as crianças não têm com quem ficar em casa, porque a grande família também se diluiu, estão sendo colocadas em escolas ainda em época de educação familiar.

Assim, as crianças estão indo à escola para serem educadas, e algumas para serem *criadas*. Não têm amadurecimento suficiente para receber a instrução formal, que era, a princípio, a incumbência das escolas. Estarão os professores capacitados para receber mais a incumbência de criar?

Com a baixa remuneração que atinge a totalidade do ensino público e quase a maioria dos milhares de colégios particulares do país, a maior parte dos docentes não tem condições financeiras, muito menos estímulo, para investir nesse esforço formador. Não é à toa que a dificuldade de lidar com os alunos tem aumentado.

> A maioria dos professores em atividade hoje não teve no seu currículo profissional capacitação para exercer o papel de formador da personalidade do aluno.

Indisciplina

A indisciplina é resultado natural no aluno ignorado pelo professor e desinteressado pela matéria

O que se prega hoje é a responsabilidade, atribuída ao próprio aluno, por sua falta de aprendizado. O que muitos professores ainda aplicam, num sistema antigo, é: "Eu, professor, ensino; vocês, alunos, escutam e aprendem". Isso, comodamente, significava que o professor cumpria sua parte. Era responsabilidade do aluno aprender ou não aprender. Atualmente o professor não é a única fonte de aprendizagem. Sua nova tarefa é orientar o estudante na busca e no processamento das informações desejadas para, assim, atingir objetivos, deixando ele de ser a "única verdade" que o aluno deve ouvir. Este, por sua vez, não é mais um mero repetidor do que o professor diz. Ou seja, o professor deixou de ser o responsável único e exclusivo de informações, porque os alunos estão conectados a televisão, canais a cabo, internet, multimídia. Aos poucos jovens que ainda não estão globalizados, falta mais oportunidade do que desejo.

> A globalização dos alunos e a liberdade da internet batem de frente com a postura de professores detentores do poder, autoritários em classe, que se recusam a admitir que o mundo mudou. Estes tendem a ignorar seus alunos, o que gera indisciplina, na maioria das vezes.

Há, por exemplo, professores que, receando perder a autoridade perante os alunos, não demonstram quanto desconhecem o computador; temem, até, mexer nele com o receio de "deletar" tudo ao apertar uma simples tecla.

Ensinar aprendendo

Não seria uma excelente oportunidade para esses professores, se eles pudessem aprender com os próprios alunos a mexer no "maldito" teclado e, assim, usufruir a "santa" telinha? Com esse gesto, poderiam ensinar que, por mais que se saiba uma matéria, sempre há algo a aprender sobre outra. E mostrariam que não ignoram a importância de seus alunos.

Ao demonstrar o prazer de aprender com o aluno e agradecer-lhe, olhando-o no fundo dos olhos, o professor passa sentimentos progressivos que, com certeza, vão agradar bastante o aluno. Esse aluno vai sentir na sua alma o prazer e a utilidade de ensinar.

O professor estaria passando (ensinando) ao aluno o prazer de aprender – com o professor aprendendo - e o prazer de ensinar - com o aluno ensinando.

Entretanto, o professor deve tomar o cuidado de não exagerar e virar "piegas", isto é, um sentimental ridículo. Esse efeito acaba com a vontade de ensinar. Vale a pena, uma outra hora qualquer, em geral de forma mais privada, o professor dizer ao aluno como usou o que aprendeu em determinada situação. Não sendo mentira, somente para agradar o aluno, mas um fato vivido. O aluno poderá perceber o quanto ajudou seu professor. Significa que o professor transformou o que aprendeu em conhecimento e verificou (mostrando isso a seu aluno) como este lhe foi útil. Para tal aluno, esse professor jamais será o mesmo. O inverso também será verdadeiro.

> Ao ensinar o professor e, por isso, fazer diferença em sua vida, o aluno também se abre aos ensinamentos desse professor. A indisciplina, gerada pelo aluno ter sido ignorado, desaparece, e o interesse é despertado para os conteúdos da aula.

Importantíssimo é que ambos tenham sentido a agradável vivência do aprendizado. Se possuir conhecimentos representa poder sobre quem não o possui, o poder de quem ensina, com esse tipo de aprendizado, em vez de diminuir, aumenta. O que ensina fica livre para aprender mais novidades, enquanto o que aprende passa a se beneficiar da nova aquisição. Com esse aprender, o professor ganha autoridade advinda do aluno, o que reforça o poder inerente ao educador. Um dos grandes geradores de indisciplina está em um professor impor seu poder sobre os alunos, e estes não lhe reconhecerem a autoridade.

[O poder e o prazer são os grandes benefícios de ensinar aprendendo.]

Novo paradigma: de professor a orientador

Qualquer modificação, mesmo que seja progressiva, em uma estrutura grande de escola, exige um bom planejamento estratégico, envolvendo objetivo, metas e prazos – não só do ponto de vista pedagógico e financeiro mas também de todo o componente ideológico e psicológico. Qualquer alteração em circunstâncias que estejam funcionando bem tem que levar em conta também riscos, os quais, claro, têm que ser previstos. Entretanto, costumes antigos, já arraigados entre professores e funcionários, podem sabotar qualquer novidade, principalmente se há quem obtenha lucros com a estrutura vigente.

Professores retrógrados, apoiados no tempo de carreira, e já contando os anos que faltam para a aposentadoria, são os primeiros a resistir. Além de não aderirem aos movimentos de modernização, quando possível, ainda os criticam destrutivamente.

Muitos pais, já acomodados com o andamento escolar, mesmo que sofrível, não se dispõem a aceitar as propostas de mudanças na escola que envolvam esforço deles, mesmo que seja em prol de seus filhos.

Há alunos que fazem a chamada resistência passiva – "corpo mole" – tirando proveito pessoal da "bagunça escolar" para se manterem sem ter de estudar, sem ter o incômodo inicial de serem éticos e praticarem a cidadania escolar, mesmo que sejam, em pouco tempo, os próprios beneficiários dessas mudanças.

Muito mais que as escolas públicas, as escolas privadas de ponta estão investindo muitíssimo no novo paradigma, que é capacitar o professor a exercer o papel de orientador: o professor passa a ajudar o aluno a buscar, compreender e integrar a informação sob forma de conhecimento.

O novo paradigma da Educação é capacitar o professor para, além de transmitir o conteúdo pedagógico, ser também um orientador.

É dessa forma que o professor favorece a aquisição do conhecimento, colocando as informações em ação já durante a aula. Algumas escolas privadas brasileiras, felizmente, já estão investindo pesadamente na capacitação dos professores e na melhora das condições físicas e psicológicas para o aprendizado de seus alunos, promovendo a integração dos pais às atividades dos seus filhos.

A grande mudança de professor tradicional para professor-orientador traz uma complicação inicial, da qual, entretanto, se tirará um grande benefício. O professor precisa rever sua própria posição de única fonte para o aprendizado do aluno e começar também a pesquisar: Onde se encontra a matéria a ser dada? Jornais? Revistas? Livros paradidáticos? Sites de pesquisa na internet?

Como a tarefa é muito grande e freqüentemente impossível para o professor cumprir, já começa, a partir dessa dificuldade, uma mudança postural – repartir com os alunos tamanha responsabilidade.

O professor-orientador deve pedir aos alunos que cada um pesquise, sejam quais forem as fontes, algo sobre o conteúdo da aula seguinte. Quem conseguir, terá o privilégio de passar o resultado para os colegas da classe. Vai ganhar "um ponto" de acréscimo na nota de tarefas cumpridas. Cabe ao professor explicar que faz parte da aula o *aprender a pesquisar*, selecionar o que é útil e bem comunicar aos outros o que conseguiu. É um preparo para um emprego, para a vida.

Hoje, quem sabe fazer tudo isso ganha muito mais do que aquele que só faz o que lhe passam pronto. E os vestibulares, como sabemos, estão cada vez mais exigindo que o vestibulando mais saiba *pensar* do que ter simplesmente as informações arquivadas dentro de si.

Dado o caráter desse tipo de aula, que requer maior autonomia dos alunos, este procedimento é cada vez mais indicado quanto mais independentes forem os alunos – portanto, para adolescentes, de modo geral.

Numa palestra sobre *Disciplina* e *Ensinar aprendendo* para pais de alunos e professores do Colégio Energia, em Criciúma-SC, eu soube que os alunos do útlimo ano do ensino médio assinavam uma revista nacional de grande circulação e de reconhecida seriedade, a qual era usada diariamente como fonte de estudo e pesquisa das diversas matérias dadas. Não por acaso, o maior índice de aprovação em todos os vestibulares pertencia a essa escola. O grande benefício vinha do prazer que trazia a todos os alunos, e ao professor, esse tipo de participação, pois cabia a ele apenas a orientação da tarefa, já que a *formação,* os próprios alunos já a vinham amadurecendo.

As escolas que se acomodaram estão perdendo seus alunos, porque eles a acabam abandonando ou são convidados a se retirar por questões disciplinares. O mais grave dessas migrações e desistências escolares está no fato de os educadores perderem a oportunidade de formar *mais um cidadão*; acabam encaminhando para a vida alguém que aumentará o número já grande dos marginalizados.

Teoria Integração Relacional

Meu desejo é contribuir para a mudança de paradigmas no campo da Educação com subsídios aos educadores por meio da *Teoria Integração Relacional*, que criei com base em 37 anos de prática, com 75 mil atendimentos em psicoterapia psicodramática de adolescentes e suas famílias, reforçada pelo trabalho na área da Educação com professores, crianças e jovens.

As clássicas teorias psicológicas não têm sido suficientes para a compreensão do atual comportamento dos alunos e o adequado procedimento preventivo e terapêutico dos conflitos vividos em sala de aula. Há necessidade de introduzir elementos novos, como amor, disciplina, gratidão, religiosidade, ética e cidadania, para a avaliação da saúde relacional. Uma pessoa integrada relacionalmente vive um equilíbrio dinâmico entre as satisfações física, psíquica, ecossistêmica e ética nos contextos familiar, profissional e social.

> A Integração Relacional é um conceito de saúde biopsicossocial para o mais amplo entendimento do ser humano e de seus relacionamentos na busca de melhor qualidade de vida, realizando seus potenciais.

Quando se discute, por exemplo, a quem cabe a tarefa de educar, se à escola ou à família, entra-se num de jogo de empurra-empurra: a quem cabe a responsabilidade sobre os mal-educados? A família cobra que a educação seja dada pela escola, enquanto esta diz que a educação deve vir do berço. Enquanto isso, a Educação vira área de ninguém... É preciso, com certeza, definir de *qual* educação estamos falando. Aqui estou focalizando especificamente a educação relacional. Para compreendê-la, uso alguns elementos da *Teoria Integração Relacional*. De acordo com essa teoria, são três os níveis de comportamento humano:

Nível biológico ou instintivo, característico dos animais mamíferos, regidos pelos instintos (de sobrevivência, princípio do prazer-desprazer, do afeto, da agressividade etc.).

Nível psicológico ou aprendido, resultante da inteligência humana, em busca da satisfação pessoal, ambição, consumo exagerado, sem preocupação com os meios utilizados para satisfação e obtenção de resultados finais; é base fundamental para o nível seguinte.

Nível social ou evoluído, que caracteriza a capacidade relacional, pois o ser humano é gregário e vive em sociedade. Aqui estão o amor, a disciplina, a gratidão, a religiosidade, a ética relacional e a cidadania. É neste terceiro nível que reside a educação relacional.

Subir às montanhas para meditar é fácil.
O difícil é voltar e conviver com os humanos.
A saúde psíquica tem que integrar
capacidade relacional, ética e cidadania.

Atualmente a educação familiar carece desse terceiro nível, pois já é grande a dificuldade de se atingir o segundo. Muitas famílias não têm clara noção de certo e errado e não conseguem estabelecer limites e responsabilidades, permitindo que os filhos ajam guiados pelo prazer, evitando qualquer coisa que lhes dê trabalho, entendida como desprazer. Os filhos praticam o primeiro e o segundo nível e os pais esperam deles o terceiro. É em casa que se começa a praticar a cidadania familiar, o que tem de ser feito fora de casa. Como eles irão fazer sozinhos o que nunca fizeram em casa?

> A criança escolhe algo. Se é gostoso, vai em frente. Se encontra dificuldades, larga. É uma geração com muita iniciativa e pouca "acabativa", que está indo para a escola sem grandes motivações de estudo e dificilmente se adaptará ao sistema psicopedagógico clássico.

Criei a *Teoria Integração Relacional* para que a Psicologia saísse das academias e chegasse aos educadores, dividindo com você, professor, minha experiência, para que você pudesse encontrar o próprio caminho para melhorar o relacionamento com seus alunos e, em conseqüência, sua vida em sala de aula, atingindo o objetivo principal da educação: *preparar as novas gerações para administrar o Brasil que estamos lhes deixando*, para que este seja um país inserido num mercado mundial altamente competitivo e, por isso, obrigado a mudar seus paradigmas com agilidade, assertividade e competência.

> Os conceitos de saúde psíquica humana estão atualizados na *Teoria Integração Relacional*, que inclui amor, disciplina, gratidão, religiosidade, ética relacional e cidadania como ingredientes básicos para a formação da personalidade.

Uma idéia sobre a *Teoria Integração Relacional*

O ser humano nasce com muitos potenciais, mas poucos são aproveitados em tempo adequado. Desde que crianças foram para a escola, com menos de 2 anos de idade, ou começaram a aprender uma segunda língua, ou passaram a mexer em computadores, percebeu-se o quanto elas estavam subaproveitando seus potenciais.

Por outro lado, observando-se as dificuldades que os pais encontram em serem respeitados pelas crianças (até com menos de 1 ano), percebe-se que elas aprenderam a tirar vantagens das dificuldades que seus pais têm ao lidar com elas.

Isso tem trazido um grande problema para os pais que estão submetidos à tirania delas: com meses de vida, sentadas em suas cadeiras, jogam colherinhas e/ou comida no chão, recusam-se a dormir adequadamente, põem os pais a correr desesperadamente para atender aos gritinhos (já histéricos) delas etc.

Esta teoria foi criada para incluir na formação da futura personalidade da criança os valores fundamentais para a vida, tanto pessoal quanto social, para que a pessoa venha a ser um cidadão competente, ético e feliz. Dentro do necessário ao tema deste livro, vou assinalar onde usarei esta teoria. Aos que se interessarem por ela, estendi-me um pouco mais nos meus livros *Quem ama, educa!* e *Adolescência, quem ama, educa!*

O beija-flor e o incêndio na floresta

A maioria dos educadores conhece essa parábola. Para quem não a conhece, vou resumi-la:

Era uma vez um incêndio na floresta. Todos os bichos fugiam, menos um beija-flor que continuamente trazia água no seu bico e jogava no fogo que cada vez aumentava mais.

– Foge, beija-flor, foge! O que você está fazendo não está adiantando nada! – diziam os bichos.

– Estou fazendo a minha parte! – respondeu o beija-flor, orgulhoso dos seus gestos, mas esperançoso de que cada um fizesse sua parte...

Hoje teríamos que atualizar esta parábola:

Assim que viu o incêndio, agilmente o beija-flor convocou todos os outros beija-flores para formarem o bando e apagarem o incêndio. Rapidamente foram designados alguns beija-flores para irem até as outras espécies do reino animal para que cada um formasse o seu próprio bando. Rapidamente todos os animais, cada um com o seu bando, estavam a combater o incêndio, que logo foi debelado.

Moral da história: Não adianta mais cada um salvar a sua pele, tampouco cumprir a sua parte. É preciso trabalhar em equipe e acionar sua rede de relacionamentos – *networking* – para que faça o mesmo.

Parafraseando o ditado "Uma andorinha não faz verão", podemos dizer: "Um beija-flor não apaga incêndios". Ou seja, onde há um vencedor, há uma *equipe* que o apóia. O bem da floresta é apagar o incêndio. Se cada um luta para salvar a floresta, está garantindo a sua sobrevivência. Mas se cada um luta para se salvar do incêndio, sua floresta será destruída. Como sobreviverá?

CAPÍTULO 2

APRENDER
É COMO
COMER

A boa aula é como uma
gostosa refeição: do aperitivo e entrada
para o prato principal e sobremesa.

Além de nutritiva,
tem que ser saborosa,
tem que ter um cheiro atraente
e um visual provocante.

Depois de começar,
não dá vontade de parar...
Volta a água na boca
só dela se lembrar...

Etapas do aprender

É possível fazer uma analogia do ato de aprender com o de comer: existe uma fisiologia do aprendizado. O processo de digestão dos alimentos é semelhante em todos os seres humanos, já que se trata de uma função fisiológica. O aprendizado, entretanto, pode ser bastante pessoal, porque depende do aparelho psicológico e por ser uma função complementar.

Fazem parte do aparelho psicológico a motivação ou a indiferença para aprender, a facilidade ou a dificuldade de compreender a informação, a capacidade de transformação da informação em conhecimento e o nível cultural e de conhecimento prévio.

**Comer alimenta o corpo de energia,
e aprender alimenta a alma de saber.**

Como uma função complementar, aprender é uma ação que envolve, no mínimo, duas pessoas que se completam: a que ensina e a que aprende. O autodidata tem como professor a própria pessoa. Se um dos complementares falhar, o resultado pode ser prejudicado. Sob esta analogia entre comer e aprender, considero cinco etapas:

Primeira etapa: *Ingerir* o alimento equivale a *receber* a informação.

Segunda etapa: *Mastigar* e *digerir* o alimento equivalem a *decompor* essa informação em partes menores, suficientes para serem compreendidas.

Terceira etapa: *Absorver* o alimento digerido equivale a *assimilar* a informação já compreendida.

Quarta etapa: A transformação do alimento digerido e absorvido em *energia* acumulada equivale à transformação da informação compreendida em *conhecimento*.

Quinta etapa: A energia acumulada é utilizada para a manutenção da vida, como *energia vital*. É o uso do conhecimento que o transforma em *sabedoria*.

"Mastigando" a aula

Na fase de ingestão do alimento e recepção da informação, quem fornece comida ou informação tem um papel importante. Para atravessar essa etapa, é necessário sentir fome ou ter o apetite despertado pela comida: cheiro, cor, apresentação, forma e tempero podem tornar o alimento convidativo e inspirar a vontade de degustá-lo.

> O professor, qual um bom cozinheiro, poderia preparar a aula com aperitivos e entradas, antes de servir o prato quente, e culminar com a sobremesa. Mesmo sem entradas nem aperitivos, se a aula for bastante prazerosa, todos sentirão vontade de absorvê-la. Portanto, a *palatabilidade* é muito importante.

Logo, o que inicia o processo de comer tanto pode ser um estímulo interno (a fome) quanto externo (algo que nos desperte a vontade de comer). O mesmo raciocínio pode ser aplicado à informação. A motivação pode ser interna, quando estamos interessados em aprender algo, ou externa, quando alguém nos desperta o interesse, a vontade de aprender.

Como um *trailer* de um filme e/ou cenas do próximo capítulo de uma telenovela, que são *marketing* para se vender o filme ou prender o telespectador, os professores poderiam estimular nos alunos o desejo de assistir às próximas aulas, já antecipando algo interessante sobre elas: é o aperitivo. As entradas já pertencem à aula propriamente dita e servem de aquecimento, ou preparo do cérebro, para receber o que o professor quer ensinar. Uma boa dica é o professor perguntar: "Diga uma palavra sobre a última aula, quem dela se lembrar. Vai ganhar 1 ponto quem disser." Assim, após 5 lembranças feitas pelos próprios alunos e 5 pontos distribuídos, a maioria da classe já tem seu cérebro preparado para receber a aula.

Quem come uma comida saborosa, quer repetir o prato. Informações atraentes produzem resultado semelhante: sobre um acontecimento interessante todos querem mais detalhes, mais informações.

Quando o professor começa uma aula contando uma notícia – fato, curiosidade, situação, acidente etc. – relacionada ao conteúdo da aula do dia e pede comentários e/ou explicações aos alunos, está estimulando a capacidade de compreensão, interpretação e comunicação dos que sabem, bem como a curiosidade dos que não sabem.

O professor-orientador dirige as explicações recebidas ao tema que interessa à aula, pedindo aos alunos que sabem para explicarem aos que não sabem. Além de estimular o entrosamento entre os alunos, cria-se um bom "ibope" com o professor-orientador, cuja aula passa a ter a responsabilidade de alinhavar as informações, complementando com os tópicos de que ele precisaria falar. E o que torna uma informação mais atraente são os temperos do humor, da clareza, além da sua assertividade e utilidade.

Os melhores temperos de uma boa aula são movimento, humor e boa comunicação relacional. As aulas têm que ser "degustadas" pelos alunos.

Se nos guiarmos apenas pelo primeiro nível do comportamento humano, o biológico ou instintivo, segundo a *Teoria Integração Relacional*, só comeremos o que for gostoso, faça bem ou mal. Passaremos o dia devorando picanhas, queijos gordurosos, bolos de chocolate, sorvetes, tortas de morango e outros quitutes. Os resultados aparecerão depois na balança, na forma de quilos a mais, ou em exames do coração, com artérias obstruídas. (É o que poderia acontecer no acesso à internet com pessoas descontroladas funcionando neste nível.)

O educador tem que suprir o organismo do conhecimento dos alunos com bons alimentos, nutritivos, que sejam progressivos. O que vai determinar se um alimento é bom ou mau para a saúde é o conhecimento de seus componentes: alguns são ótimas fontes de vitaminas e minerais, enquanto outros são ricos em colesterol. Poucos comem somente porque o alimento é nutritivo. Mas, se o nutritivo for também gostoso, existe a possibilidade de associar prazer à saúde.

A apresentação da informação é semelhante à do prato. Se você deparar com um cozinheiro banguela, com unhas sujas, provavelmente não terá seu apetite despertado. Pelo contrário, é mais provável que sinta aversão à receita criada. Porém, se a refeição for preparada numa cozinha limpa, por um mestre-cuca asseado, a vontade de comer surgirá espontaneamente.

É dessa mesma forma que a figura de um professor pode interferir no desejo de um aluno receber informação. Não me refiro a roupas caras e sofisticadas, mas a noções elementares de higiene e conduta: ter uma aparência limpa, atual, agradável e possuir uma forma de expressar-se que não cause estranheza aos ouvidos dos alunos. O professor é, na realidade, o mestre-cuca da sua matéria. Ele não conseguirá abrir o apetite dos alunos apresentando uma gororoba qualquer.

Os venenos das aulas podem ser:
incompetência, mau humor, monotonia...
Eles estimulam a indisciplina.

Canjas e feijoadas

Nem todo prato serve para qualquer aluno. O professor precisa levar em consideração a fragilidade do estômago dos estudantes conforme as personalidades e faixas etárias. Não se oferece uma feijoada a uma criança de 1 ano, tampouco uma canja de galinha como prato principal a um adolescente.

É altamente indigesto para os adolescentes
serem tratados relacionalmente como criancinhas,
tendo de comer "papinhas" quando
querem suculentos sanduíches.

O professor deve ter noção da capacidade do aluno de receber a matéria. Por exemplo, matérias que exijam pensamento abstrato são tremendamente indigestas para as crianças, que ainda não desenvolveram esse tipo de raciocínio. Como elas não as compreendem, acabam decorando apenas.

O mestre também deve levar em conta que os alunos podem ter facilidade em algumas disciplinas e dificuldade em outras, o que não depende da idade, mas da aptidão natural de cada um. Para algumas pessoas, Física, Química e outras matérias das chamadas "exatas" podem ser canja de galinha – que o estômago aceita sem problemas – ou uma feijoada de difícil digestão.

A rigor, não se pode exigir o mesmo resultado de todos os estudantes. Cada aluno é um ser diferente e único. Mas como são muitos os alunos em classe, a tendência dos professores é igualá-los. Entretanto, vale a pena dar mais a quem mais precisa – já que dar para quem não precisa pode favorecer o desperdício.

O professor deve explicar a matéria usando palavras de fácil compreensão, de tal forma que até mesmo os alunos que tiverem dificuldades possam entendê-la. Talvez essa sugestão pareça óbvia, mas gostaria de ressaltar esse ponto, pois alguns professores *distribuem* a matéria para a classe toda de forma *massificada*, sem atentar para as diferenças individuais.

> **O professor, ao preparar a sua aula,**
> **deve ter o mesmo capricho**
> **com que o cozinheiro prepara as iguarias.**

Engolir a aula

Esta etapa de engolir o alimento é um processo individual, isto é, tem de ser feita por quem o ingere. Equivale à etapa em que o aluno decompõe a informação em partes menores para ser compreendida e depois incorporada no corpo do conhecimento.

A mastigação e a deglutição são processos voluntários, isto é, dependem do aluno. Depois de engolida a aula, a etapa seguinte é a digestão, que independe da vontade de qualquer pessoa.

> **O aluno não consegue aprender aquilo que não entende,**
> **assim como não pode engolir pedaços maiores**
> **do que sua garganta permite.**

Quero dizer com isso que a desmontagem da informação pode ser facilitada pelo professor, mas, sem dúvida, o processo digestivo cabe ao aluno. Se mastiga bem ou não a comida, é trabalho do seu tubo digestivo. Supondo uma aprendizagem em seqüência, em que a matéria seguinte depende da anterior, se a primeira não tiver sido absorvida, será necessário desmontá-la em partes ainda menores para favorecer sua compreensão. Por exemplo, a resolução de um problema que dependa do teorema de Pitágoras. Se o aluno o souber, ótimo, poderá resolver o problema sem dificuldades. Caso contário, será necessário que o professor primeiro desintegre o teorema para que assim o aluno entenda a informação seguinte.

Um grande erro do aluno é receber a matéria "do jeito que o professor dá" para passar para a segunda etapa em casa, quando já deveriam estar na terceira etapa. Faz isso para não usar o cérebro durante a aula. Vai engolindo tudo, os compreendidos e os não-compreendidos. Em casa é que vai devolver tudo à mesa. Então vai tentar compreender tudo de uma só vez. Isso quando não deixa para fazê-lo somente às vésperas das provas. Não seria mais fácil perguntar na hora ao professor? Há vários professores que dedicam algum tempo para reexplicar a quem não compreendeu o que foi dito.

Existe uma progressão para a compreensão. Não se pula o que não se compreende, pois quando chegar a matéria nova o aluno não terá base para apreendê-la.

Digestão da aula

Os processos de absorção e assimilação do alimento ocorrem na intimidade dos processos intestinais, que escapam do controle do indivíduo. É o biológico fazendo a sua parte, independentemente da vontade consciente dos humanos em geral. Entretanto, na parte cerebral e mental, as informações podem ser absorvidas e assimiladas conforme suas inteligências múltiplas. Tais operações podem ser desenvolvidas e aprimoradas conforme o esforço pessoal, mas podem ser facilitadas se estimuladas e exercitadas. A vontade interfere muito nesses processos mentais. Quando um aluno não aprova o seu professor, esses processos pioram. Mas podem melhorar muito se professor e alunos tiverem boa empatia.

Se o tempero for bom e de ótimo sabor, isto é, a aula for agradável e a matéria for apresentada de maneira interessante por um professor de bom "ibope" com os alunos, e que se preocupe em encontrar a aplicabilidade diária do seu conteúdo, esse professor fez a sua parte de ensinar.

Se um aluno procurar apreender a matéria, compreendê-la, interpretá-la e praticá-la ou identificá-la, esse aluno terá feito a sua parte no aprendizado. Apreender é prestar atenção integral à matéria. Compreender significa encontrar o significado da matéria. Interpretar é dizer de outras maneiras o conteúdo entendido – usando palavras, gestos, desenhos, etc. – para que os outros possam compreendê-lo. Quando o aluno compreende algo, torna-se fácil identificar esse conteúdo e aplicá-lo à vida.

Portanto, a absorção e a assimilação são as partes do aprendizado que dependem mais do aluno que do professor, enquanto a parte docente na aula depende mais do professor que do aluno.

Quando a informação está bem decomposta, sua assimilação é quase instantânea.

As diferenças de aprendizado entre os alunos ocorrem pela existência de inteligências múltiplas, que são basicamente em número de 7. Por analogia, nesta etapa fica mais evidente a existência de diversos tipos de inteligência. Surgem as grandes facilidades ou dificuldades para as ciências exatas, humanas e biológicas, com suas manifestações conforme suas múltiplas inteligências: *lógico-matemática, lingüística, espacial, musical, corporal-cinestésica, intrapessoal* e *interpessoal*.

Em geral, as características de absorção são genéticas, como "filho de peixe, peixinho é". Não é o trabalho, mas a facilidade em exercê-lo que conta. Porém, mesmo quem não tenha essa facilidade pode desenvolvê-la com muito exercício e prática. Um filho pode nascer sem talento ou facilidade para ser sapateiro, mas de tanto conviver e trabalhar com o pai sapateiro, constrói-se como sapateiro. São facilidades construídas, muito diferentes daquelas que a pessoa ganha geneticamente dos seus pais.

Há pessoas que já nascem fortes, e há aquelas que têm que fazer muitos exercícios para se fortalecerem. Sem dúvida, aquele que já nasceu forte, com um pouco de exercício, pode se tornar imbatível com relativa facilidade.

Faço essas analogias e ponderações para explicar como lidar com os diversos tipos de inteligência. Um professor poderia facilitar a vida do aluno que tem dificuldade de absorver Física, pois esta é a sua inteligência fraca, mas poderia exigir mais em Biologia, se esta fosse a sua inteligência forte. Mesmo porque o próprio aluno vai se sentir mais gratificado e verá melhores resultados quando realizar aquilo para que tem mais facilidade. Ou seja: dá-lhe mais prazer o que ele tem mais facilidade em absorver, e acaba absorvendo mais do que aquilo em que tem dificuldade. É uma *seleção natural*, que o próprio organismo mental e cerebral faz.

Integração da aula

Há uma série de informações soltas e fragmentadas que, de repente, num estalo, começam a fazer sentido. É o caso, por exemplo, de um *insight*, de uma iluminação: é uma compreensão súbita de algo que reorganiza todos os conhecimentos anteriores que estavam suspensos, deslocados e/ou particularizados. Cada um deles tem um sentido, e quando juntos e integrados formam uma verdade nova, inusitada, surpreendente. Esse conhecimento integrado faz com que muitas outras questões que estavam sem respostas encontrem soluções. É como se a pessoa conseguisse atingir um *upgrade* para o seu corpo do conhecimento.

A integração de vários conhecimentos é prazerosa. É a solução de várias pendências não compreendidas.

Um professor pode levar um aluno a conquistar o conhecimento integrado. Se o professor simplesmente passar ao aluno o conhecimento já integrado, ele o priva do trabalho mental que o levaria ao prazer de descobrir tal resultado. É como um músculo que não se desenvolve por falta de esforço físico.

Esse prazer o estimulará a novas conquistas no campo do conhecimento. Doutra forma, o aluno recebe apenas um dado a mais – que nada acrescenta aos que já recebeu. Pode ser até frustrante e desestimula o aluno a pensar, a ter interesse em aceitar desafios, a prestar atenção na aula... Isso porque o mecanismo do sistema da recompensa existente no cérebro estimula a pessoa a repetir o fazer do que lhe dá prazer, assim como não estimula o fazer do que não lhe dá prazer.

É como um filme que apresenta várias pistas para desvendar um crime. O diretor do filme tem que tecer uma trama e levar o espectador a tentar descobrir quem é o criminoso. No final, quando o diretor identifica o autor do crime, o espectador faz sozinho um retrospecto das cenas e consegue integrar todas as pistas fornecidas ao longo do filme. O que aconteceria se o diretor já dissesse desde o começo quem era o autor do crime? As mentes dos espectadores, com certeza, trabalhariam de modo diferente.

Transformando aula em sabedoria

Uma vez absorvida, a comida é transformada em energia. Esse saber recém-formado dentro de si é acrescentado e integrado ao corpo do conhecimento preexistente. Agora, o ser humano ampliou o campo de sua consciência e sabe mais do que antes. Quanto maior o conhecimento que compõe esse corpo, mais desenvolvida é a pessoa.

A energia acumulada no organismo não só serve para mantê-lo vivo e em atividade como também deve estar de prontidão para uso a qualquer momento. Assim também funciona o corpo do conhecimento.

A utilização da energia é mais instintiva e automática do que consciente, mas a do conhecimento deve ser exercitada. Chamadas orais, provas escritas e testes nada mais são do que diferentes maneiras de solicitar e mensurar o conhecimento que teoricamente deveria já estar integrado.

O que tem acontecido é que essas avaliações não estão medindo o conhecimento, mas, sim, informações presentes naquela hora.

Uma informação pode ser retida na memória para ser descarregada somente nessas avaliações, mas não faz nenhum sentido ao aluno. Terminadas tais avaliações, as informações, em pouco tempo, desaparecem da mente. Isto é resultado do estudo concentrado no dia que antecede a prova mensal, bimensal ou trimestral. Neste único dia, o aluno tem que memorizar tudo o que o professor deu em 1, 2 ou 3 meses de aulas. É a famosa "decoreba" de véspera de prova.

É do conhecimento da maioria das pessoas que a extrema magreza ou a obesidade representam falta ou excesso de energia. O acúmulo de energia na forma de obesidade leva ao surgimento de várias doenças, prejudicando, portanto, a vida. A ausência de energia vital também compromete o funcionamento orgânico.

Cada pessoa tem o próprio corpo de conhecimento, que lhe é único e diferente das demais pessoas, assim como é a sua própria vida. Este é a sua sabedoria.

O verdadeiro saber é aquele que aparece automaticamente, no cotidiano, aumentando a eficiência e o prazer de viver. Quanto mais conhecimentos automatizados tivermos, mais poderemos avançar no campo do saber. Basta que estejamos sempre aprendendo e sempre formando novos conhecimentos. A sabedoria passa a estimular o apetite para buscar novas informações.

É a importância da Educação Continuada. Existem pessoas que sabem muito sobre determinada matéria e nada a respeito de outras, e acham que estão bem assim. Podem ser "obesas" na matéria que tão bem conhecem, mas falta-lhes a saúde global... São aquelas que só sabem falar sobre química, o "quimiquês"; ou aquelas bitoladas em computadores, que dominam apenas o "informatiquês".

Nada impede que os profissionais e os afins de uma área tenham seus próprios jargões ao se expressarem, mas é importante que percebam que outros poderão nem sequer entender o que eles estão falando. Se a pretensão é a comunicação, professor nenhum deveria usar termos que dificultassem o aprendizado dos alunos.

Em outro extremo, existem as vítimas da "anorexia" do aprendizado. Não se interessam pelos estudos. Desmotivadas ou sem força de vontade, não querem aprender. O que lhes importa é passar de ano.

Quanto maior a sabedoria de uma pessoa,

mais ela quer saber,

e quanto menor, menos ela quer saber,

pois o querer saber já é parte da sabedoria.

Atualmente, os estudantes encontram "*fast-foods* culturais" em qualquer lugar. Não têm de se limitar à "refeição" servida na escola. Podem aprender vendo TV, navegando na internet ou lendo revistas especializadas e, às vezes, até sabem mais que o próprio professor. Diz um ditado hindu: "Quando o discípulo está pronto, o mestre aparece". Ou seja, quando o aluno tem motivação e está pronto para aprender, absorve qualquer informação, pouco importa a sua origem.

Ao saborear um alimento gostoso, meu querido sogro dizia, com seu singular linguajar de forte sotaque transmontano: "Esta comida *sabe* bem". A relação semântica entre o verbo saber como *ter sabor* e *ter sabedoria* não é acidental: a sabedoria é alimentar a alma de saber.

Sabe por que os professores encontram hoje tantas dificuldades nas classes? É porque os alunos demonstram mais apetência pelo que encontram fora do que dentro das salas de aula.

CAPÍTULO 3
OS PASSOS
DA SABEDORIA

O caminho do aluno,

da ingenuidade à sabedoria, pode ser
facilitado – ou complicado – pelo professor.

Conhecendo-se os passos,

lidera-se um aluno...

São quatro as etapas que separam a ingenuidade da sabedoria. Vamos conhecer melhor cada uma delas.

Primeiro passo: a ingenuidade

A pessoa nem sabe que não sabe, portanto, ela não tem consciência da sua ignorância. Pode-se, por exemplo, falar na ingenuidade do indígena. Imaginemos uma tribo bem primitiva, que vive totalmente isolada da civilização branca, sem conhecer a eletricidade. Sua vida está organizada sem contar com nenhum aparelho elétrico, que nem sequer pertence ao seu campo de informações. A vida transcorre baseada em conhecimentos próprios, transmitidos de uma maneira particular.

É como uma criança que vive no seu mundo e, com os poucos conhecimentos de que dispõe, não chega a sentir falta do que desconhece. Guiada por seus instintos, aos poucos, ela vai constatando a existência de outras coisas e amplia seu universo.

Um aluno pode se aproveitar dessa ignorância para justificar por que foi mal na prova dizendo: "Eu faltei – ou estava suspenso – quando a professora deu esta matéria!". Mas esta não é desculpa que se aceite, pois se ele faltou teria obrigação de procurar saber o que foi dado naquele dia, perguntando para um colega ou até mesmo à própria professora. Se estivesse suspenso, esta desculpa valeria menos ainda.

**A ingenuidade gera relativa tranqüilidade,
por meio da justificativa: "já fiz o que eu podia",
ou pela resignação: "a vida é assim mesmo".**

Segundo passo: a descoberta

A pessoa sabe que não sabe, portanto, tem oportunidade de aprender.

Voltando ao exemplo do indígena, quando ele entra em contato com a eletricidade passa a perceber a existência de fatos que desconhecia no estágio anterior. É natural que ele queira a qualidade de vida que a eletricidade proporciona. Entretanto, no seu próprio mundo, reconhece que algumas pessoas têm mais informações do que ele. Toda vez que adoece, procura o pajé, um misto de sacerdote, profeta e médico-feiticeiro que exerce o papel de chefe espiritual dos indígenas. Ele sabe que o pajé conhece plantas capazes de aliviar seu sofrimento e pede a ajuda dele, *porque sabe que não sabe o que o pajé sabe.*

O pajé detém o saber. Pode ensinar ao índio qual planta cura determinada doença ou pode manter essa sabedoria em segredo, para que todos dependam dele. Esta segunda opção era a escolhida por muitas autoridades políticas, religiosas e até por cientistas na Antigüidade e na Idade Média, quando livros eram proibidos para o grande público. Até hoje, existem livros altamente secretos, pois contêm informações que, divulgadas, acabariam com o poder sobre os ingênuos.

Há maus professores que, para deterem o poder sobre os alunos, não os ajudam a integrarem o conhecimento – e cobram dos alunos o que não lhes foi dado. Os professores que abusam do poder acabam perdendo autoridade educacional.

É só depois da descoberta que se percebe que não se sabia o que se descobriu.

Ao perceber que não sabe, o ser humano tem a tendência natural de buscar meios de aprender, já que é dotado de curiosidade e inteligência. Associando esses dois atributos, pode surgir a criatividade, que fornece a base para as grandes invenções da humanidade. O espírito aventureiro instiga as descobertas.

Permanecer no não-saber faz parte da ignorância.
Aprender é o primeiro passo ativo a caminho da sabedoria.

Terceiro passo: o aprendizado

Saber que não se sabe é uma descoberta e ao mesmo tempo um desafio para aprender. Quando a pessoa busca saciar a sua curiosidade, fica satisfeita quando encontra respostas, porque atingiu o objetivo da sua busca e, ao mesmo tempo, realizou uma vontade e/ou necessidade.

Trata-se de um estágio de grande satisfação. Adquirir novos conhecimentos confere uma sensação de prazer, de poder e alimenta a sabedoria.

Como o indivíduo acabou de aprender o que não sabia, ainda precisa pensar para fazer. Pondo esse novo conhecimento em prática é que ele se incorpora. É como um professor que acaba de aprender uma última novidade na sua área e quer contar a todos a toda hora. É o brinquedo novo de um aluno, uma roupa nova da adolescente exuberante, uma piadinha nova do jovem onipotente e bem-humorado...

Além de ter o prazer de saber,
aquele que sabe é mais competente
que o que sabe que não sabe.

Quarto passo: a sabedoria

A pessoa nem lembra que sabe, pois de tanto praticar o que aprendeu, o saber é incorporado como algo natural. Passa a pertencer ao comportamento da pessoa. Assim, ela age sem precisar pensar.

A humildade é inerente à sabedoria.
O maior poder do sábio é querer aprender sempre.

A sabedoria é um imenso corpo de conhecimento desenvolvido e enriquecido pelo exercício e pela prática. Seus ensinamentos fluem naturalmente, sem esforço, pois o sábio se vê igual a outras pessoas, talvez com maior experiência que elas, mas sempre querendo deixar as pessoas e o mundo melhores do que encontrou. A sua humildade é uma grande lição para aqueles que, por saberem ou terem algo a mais que os outros, sentem-se superiores a eles.

Talvez um professor iniciante tivesse de se preparar para dar uma aula com todos os cuidados, sabendo até as referências bibliográficas, estudando respostas até para perguntas que os alunos poderiam fazer. É como estuda um aluno para as provas.

Já um professor que domine a matéria e tenha dado muitas aulas nem se prepara tanto, pois já faz parte do seu saber o conteúdo da aula. É como o aluno que faz as provas sem ter que estudar. Equivale ao motorista com prática, que dirige fazendo o que sabe, como que automaticamente, sem precisar pensar em cada etapa do processo. Pés e mãos sabem exatamente o que têm a fazer.

Para os professores atingirem a sabedoria, precisam transcender suas funções psicopedagógicas, e tudo o que fizerem deve estar encaminhado para o crescimento e desenvolvimento do seu aluno, para que este torne o mundo melhor. Nesse sentido, o mestre está entre o professor e o sábio.

As dificuldades da jornada

Cada um desses passos tem suas complicações. No primeiro deles, por exemplo, a falta de conhecimentos torna a vida muito pobre, limitada. A pessoa vive com parcos recursos e se satisfaz com muito pouco. No segundo, vale muito a personalidade de cada um. Pode-se optar entre querer aprender o que não se sabe ou acomodar-se com o que se sabe.

> A acomodação torna a pessoa ignorante: ela não busca o saber. Pensa um aluno preguiçoso: "Para que vou estudar isto, se não cai na prova?" Ou então, diz um adulto: "Eu decidi não querer saber".

Um professor também pode se colocar nesta posição de não procurar mais aprender, já que ele é professor e da matéria sabe tudo. Encontramos professores hoje que, desde que concluíram o magistério, não mais se atualizaram e continuam dando as mesmas aulas durante todo esse tempo. Sua mente, tendo parado, obrigou também o seu cérebro a estagnar e a não buscar mais se desenvolver.

Pode entender tudo de sua área, mas pode não ser mestre e, muito menos, sábio, se ignorar seus alunos, não se interessar pelo que os alunos sabem e não se atualizar. O que vai lhe acontecer quando defrontar com um computador? Como aprender as múltiplas operações de um telefone celular, que a maioria dos alunos domina com a maior tranqüilidade, ele que sequer conseguiu fazer todas as funções de um gravador de vídeo?

O sábio vai querer aprender, seja com quem for, mesmo que seja com um aluno. Nesta hora, o aluno passa ao professor o que este precisa naquele momento, e não tudo o que ele sabe. Assim, ele ensina o professor na medida da necessidade da realidade deste. O que aconteceria ao professor se o aluno quisesse ensinar tudo o que soubesse de uma vez, independentemente da necessidade dele? Assim o aluno aprende vendo o sábio aprender com ele. Quer dizer, o professor, ao aprender, está também passando a atitude da humildade de aprendiz.

O sábio tem a humildade de ser um eterno aprendiz.
A sabedoria está em todo lugar.
O sábio é que a identifica e a pratica.

Portanto, o sábio nada tem de onisciente. A onisciência limita a ampliação do conhecimento. Assim, também, a baixa auto-estima pode limitar o aprendizado, se o pensamento é de que ele "nunca vai conseguir aprender alguma coisa".

Dessa maneira, tanto a onipotência quanto a impotência inibem o desenvolvimento dessa pessoa, que passa a ser retrógrada. Ser retrógrado mede mais uma posição na vida do que a quantidade de conhecimentos que ela possui.

Quanto melhor for a integração relacional,
maior será o desejo de aprender o que não se sabe.
Quando uma pessoa pára de querer aprender,
começa a envelhecer.

No terceiro passo, o problema é a supervalorização do próprio conhecimento. A pessoa passa a explicar tudo o que lhe chega por meio do que aprendeu. Como se só aquele saber valesse, e todos os outros fossem desqualificados.

Um exemplo é o professor preciosista, que não reconhece o que o aluno faz. Não admite, por exemplo, pesquisa em outras fontes: só vale fazer do jeito que ele ensinou. (Isto é muito comum nas avaliações escolares.)

Quando se adquire novo conhecimento, é natural um certo deslumbramento no início, como ocorre com a criança que aprende a ler: procura as letras conhecidas em todos os lugares. Ou com o recém-formado, que se torna um acadêmico perfeccionista. A prática, entretanto, se encarregará de mostrar-lhes que não é apenas esse saber que tem valor. No preciosismo onipotente do novo saber, desprezam-se outros pontos de vista e explicações antigas. O novo conhecimento é usado para demolir os demais.

O saber de uma pessoa, ninguém o tira.
Mas a vaidade de saber pode estragá-la.

Não podemos esquecer que só chegamos a esse ponto graças ao que outros descobriram antes. Foi o esforço de quem nos antecedeu que nos permitiu alcançar um estágio de conhecimento sem sofrermos tanto. A pessoa que se julga auto-suficiente limita seu crescimento. Afinal, por melhor que seja numa área, sempre pode melhorar sua *performance* quando está disposta a receber contribuições vindas de outras disciplinas. A fase de aprendizado pode também conduzir a um novo saber: quanto mais sabe, mais o ser humano reconhece que há muito a aprender.

Quem está aberto ao novo saber
presta atenção às diferentes pessoas.
Dispõe-se a ouvi-las e a
transformar as diferenças em aprendizado.

Anorexia do saber

Teoricamente, a função do professor é ensinar, e a do aluno, aprender. Mas, na prática, nem sempre isso acontece. Não se cura um anoréxico fazendo-o comer à força. Para tratar a doença, é preciso mudar sua relação com a comida. O que nós, professores, temos feito é empurrar, à força, a matéria cabeça adentro de nossos estudantes para "vermos se aprendem pelo menos alguma coisa".

Mesmo sabendo que não sabem, os alunos, em geral, não demonstram interesse em aprender. É como se o próprio saber já fosse demais. Se aprender é como comer, eles não revelam apetite. Sofrem de anorexia do saber... como uma pessoa doente, que mesmo caquética, quase a morrer de inanição, ainda assim não come.

Do grande esforço da "decoreba" de véspera de provas, pode restar alguma informação, mas é muito custo para pouco benefício. É como se da comida preparada para muita gente, o "decoreba" comesse apenas uma garfada.

> Há professores que dão o máximo para que os alunos aproveitem o mínimo. Não seria o caso de preparar menos comida e melhorar a qualidade da refeição, para que as garfadas fossem mais nutritivas?

Na fase da descoberta, em que o aluno se dá conta de que não sabe, deveríamos estimulá-lo a se interessar por informações, propondo desafios, competições culturais, trabalhos em grupo, atividades práticas como dramatizações, atividades artísticas como pintura, música, teatro etc.

> A criança que não sabe ler nem escrever pode ter interesse em aprender ao perceber a possibilidade de apropriar-se do que está escrito. O simples saber ler já lhe confere um grande prazer e independência.

Qual seria o interesse imediato de aprender uma fórmula de Física se o estudante acha que esse conhecimento não lhe faz falta? O aprendizado aparentemente não lhe faz diferença como faria na fase de alfabetização. O estímulo de que "se não souber, vai tirar nota baixa e repetir o ano" nem sempre é suficiente para despertar seu interesse. O que motiva os estudantes, muitas vezes, é o projeto de cursar uma faculdade, na qual receberão capacitação profissional. Eles estudam porque necessitam desse saber para serem aprovados no vestibular, mas não porque o conhecimento lhes seja útil.

> Ninguém deixa de aprender se tiver a possibilidade de melhorar a sua qualidade de vida, assim como ninguém morre de fome se houver alimento ao seu alcance.

Existe, portanto, uma lacuna entre a fase de alfabetização e o período de busca de capacitação para o trabalho em faculdades ou escolas profissionalizantes. Essa lacuna corresponde justamente aos anos dos ensinos fundamental e médio, nos quais se recebe um preparo que parece ser importante.

Mas até que ponto é mesmo importante? Será que para vencer no mercado de trabalho é preciso saber tudo o que se ensina na escola? Muitos dos que se formaram usam, para o trabalho ou para viver, pouco do que aprenderam naquele período. Como otimizar tal período? Este é um grande desafio.

Direcionar o estudo conforme o interesse do aluno seria uma utopia, porque ele pode, tranqüilamente, satisfazer-se com uma vida mais simples. É famosa a aspiração de muitos jovens, filhos de grandes empresários, de quererem ser donos de pousadas na praia ou morar numa vila de pescadores, ganhando o estritamente necessário à sobrevivência.

> É inútil esperar que um aluno tome iniciativa própria por querer aprender algo que não lhe seja útil, porque seu cérebro ainda não amadureceu o suficiente. Por não saber aplicar o que aprendeu, surge a sensação de inutilidade do aprendido.

Falta a esses jovens o estímulo de que a educação oferece "preparo para a vida". Essa, sim, seria uma grande motivação para o estudo.

> Temos de mostrar aos nossos jovens que vive melhor quem sabe mais, pois tem condições de resolver as situações cotidianas com maior eficiência, ganha mais dinheiro e conquista mais poder e *status*.

Um garoto de 11 anos entrou em uma de suas sessões de psicoterapia individual muito revoltado, ofendendo a professora; dizia detestar Matemática e tinha decidido repetir o ano. Perguntei-lhe o motivo de tanta irritação. Ele detestava esse negócio de ficar procurando o "x" de uma equação. A professora não explicava direito, ele não entendia nada, e por que deveria aprender "um troço" que nunca iria usar na vida?"

Concordei com ele que equações podem ser muito chatas, mas propus mudarmos de assunto e perguntei-lhe quando foi a última vez que esteve em Ubatuba. Eu sabia o quanto ele gostava de ir para lá.

— Sábado passado! – respondeu.

— Quanto tempo normalmente vocês gastam para chegar lá, saindo de São Paulo? – perguntei, como quem não quer nada.

— Em que velocidade? – perguntou-me ele.

Brinquei com ele:

— Seu "mongo"! Você acabou de aplicar uma equaçãozinha.

Ele fez uma cara de espanto:

— *Como assim?*

— *Olha, meu! Se mudando a velocidade o tempo muda, é porque há uma equaçãozinha: velocidade é espaço percorrido sobre o tempo gasto. Quando você pergunta "em que velocidade?", automaticamente percebeu que, se mudar a velocidade, muda também o tempo gasto, já que o espaço percorrido é o mesmo... Então você já está usando o que a professora lhe ensinava...*

— *Então, a "monga" é a professora, que não sabe explicar!* — *respondeu ele, gloriosamente.*

Nesse exemplo, fica claro o quanto o púbere, quando não entende o que o professor diz, além de ficar bravo, responsabiliza-o por isso. Na realidade, o que faltou ao professor foi mostrar, na prática cotidiana, em que circunstâncias o aluno poderia aplicar a equação.

Quando o aluno não consegue transpor para a sua vida o que o professor lhe ensina, ele se desinteressa da matéria.

A curiosidade é sua aliada

A teoria está precedendo muito a prática. Os alunos são obrigados a aprender sem ao menos ter dúvidas. Nem se perguntam por que o carro anda, como funciona a montanha-russa, por que o Sol nasce e se põe todo dia... Submetem-se aos acontecimentos naturais diários sem buscar explicações para eles. O fato é que os pais nem sempre despertam a curiosidade dos filhos.

Os professores também não estão estimulando dúvidas. Quem tem dúvidas busca respostas. Muitas vezes, os professores oferecem dados que funcionam como respostas a muitas dúvidas. Mas respostas que chegam antes das perguntas não funcionam como respostas, mas como dados a mais que os alunos são obrigados a engolir.

**Quem tem perguntas bem formuladas
encontra respostas à sua volta.**

Não se deve fazer o aluno estudar "à força", pois isso seria uma violência. Violência incita violência, e o jovem pode se tornar violento contra quem o esteja forçando. Precisamos despertar sua curiosidade, criar nele o prazer do *gourmet*, que está sempre aberto às novidades para enriquecer seu cardápio.

**Para um aluno desinteressado,
não há professor que sirva,
como para um barco a vela
a que, sem destino, nenhum vento presta.**

Os adolescentes são obrigados a cumprir um currículo tido como bom para eles, mas que não leva em conta sua fase de vida. Não é de estranhar que uma das expressões mais populares entre eles seja: "A escola é boa, o que atrapalha são as aulas".

Estão interessados em pessoas com as quais se identifiquem, em conviver com os colegas. Por que, então, não aproveitar isso nas aulas? Socialização, mudanças no corpo, relações sociais: considerando apenas a fase que atravessam, há material de sobra para muitas disciplinas e exemplos de sua utilidade imediata.

Adolescentes são muito diferentes de crianças. Estas têm o prazer em descobrir novidades, ampliar seu mundo, passar da ingenuidade à descoberta, do prazer de aprender ao prazer de saber. Para a criança, tudo é prazeroso! As crianças estão sempre prontas para aprender (se não forem distorcidas pela educação doméstica). Já o adolescente quer descobrir as coisas, sim, mas a seu modo. Vive o segundo parto: deixar a proteção dos adultos, principalmente a dos próprios pais, e conquistar a independência. Por isso, o prazer do adolescente está muito mais na autonomia e na busca da própria identidade.

> As diferenças entre adolescentes e crianças são tão grandes que eles não podem ser tratados do mesmo modo, como se fossem iguais. O ensino tradicional ainda nega essas diferenças, revoltando os adolescentes.

Se tiver de engolir os conhecimentos com obediência, o adolescente se sentirá tratado como criança e ferido na sua auto-estima. Resultado: pode querer voltar para o segundo passo, o da descoberta, e se recusar a aprender. Alguns chegam ao cúmulo de *decidir* repetir o ano, por dificuldade de aprender. E é nesse ponto que a educação escolar entra em crise. Neste caso, não vale o ditado hindu que diz: "Quando o discípulo está pronto, o mestre aparece", porque ele nunca está pronto como discípulo. O adolescente não está, de fato, aprendendo, mas sendo submetido a um aprendizado.

> Diante de uma matéria nova, o aluno toma consciência do que não sabia. Pode ou não optar por aprender. Escolhendo o aprendizado, ao passar a utilizar o novo saber, transforma seu conhecimento em sabedoria. Se não o puser em prática, corre o risco de simplesmente esquecer o que aprendeu.

OS PASSOS DA SABEDORIA

O conhecimento dos passos da sabedoria, somado ao das informações sobre o desenvolvimento do adolescente – as mudanças que ocorrem em seu corpo e, sobretudo, em sua mente – pode ajudar o professor a conseguir resultados melhores em sala de aula. Antes, porém, convém refletir um pouco mais sobre seu papel.

CAPÍTULO 4

PROFESSORES E MESTRES

Por que de alguns professores
nos lembramos a vida toda, e de outros,
sequer vestígios ficaram?

Mas existem mal-estares
que persistem até hoje dos ínfimos
que nos traumatizaram.

Ensinar é um gesto de amor

Ensinar é transmitir o que se sabe a quem quer saber, portanto, é dividir a sabedoria. Essa divisão, porém, não segue as leis matemáticas, pois, em vez de o conhecimento diminuir, ele aumenta. Ensinar faz com que o mestre atualize seu saber, abra a própria cabeça para perguntas. Os questionamentos revolvem os neurônios em busca de novas respostas, reativando o cérebro, promovendo uma movimentação geral no corpo do conhecimento.

E o mestre se enriquece com a gratidão, a admiração, o respeito e o afeto de seu discípulo. Professores existem muitos hoje em dia. Mas poucos podem ser chamados de mestres.

**Ensinar é um gesto de generosidade,
humanidade, humildade e amor.**

Professores e mestres

Adiante, comparo características indesejáveis em professores e as desejáveis nos mestres. Entre professores e mestres, existem as particularidades de cada um.

Os professores desse extremo indesejável só podem melhorar. Tenho recebido retornos do quanto alguns melhoraram depois que tiveram consciência do que estavam fazendo. Mestres se tornaram os professores que quiseram melhorar, pois um dia acordaram de um sono letárgico ao qual foram levados pelas imensas dificuldades que encontraram pelos caminhos do seu ofício. Na verdade, pouquíssimos são os professores que têm má índole.

Ser professor é uma função consagrada em sala de aula: ser a fonte das informações e o responsável pelo estabelecimento da ordem na classe. Mestre é quem exerce essa função sem se valer da sua posição nem de seu poder. Ele tem autoridade, mas reconhecida pelos seus aprendizes. Professores têm alunos que são empurrados; mestres têm discípulos, que os seguem porque querem ser seus aprendizes. Um professor sem sentimentos exerce sua função como um computador. O mestre é um computador que possui sentimentos e afeto. Enquanto o professor onisciente acha que já sabe tudo o que é necessário, o mestre se considera sempre um aprendiz. Se o professor for prepotente, não se deixa questionar, não aceita sugestões e nem sempre acata reclamações. O mestre também aprende com seus aprendizes, por meio de seus questionamentos, reclamações e sugestões.

O professor "dono do destino" traça um caminho para os alunos seguirem. O mestre é um caminho para os discípulos chegarem à sabedoria.

O professor se orgulha de ter sido tão importante na vida do seu aluno vencedor. O verdadeiro mestre se orgulha de ter colaborado para o sucesso do aprendiz, de ter sido um degrau na vida daquele que o superou.

O professor "patrão" se serve dos alunos. O que é mestre se coloca a serviço de seus discípulos. O professor usa sua matéria para dar aula. O mestre usa a vida para dar a sua disciplina. O professor isola a sua matéria da vida dos alunos. O mestre aproveita a vida dos alunos para transmitir seus ensinamentos. O conhecimento do professor é apenas aprovativo. A sabedoria do mestre é multiplicativa.

Dificilmente nos lembramos do que um professor nos ensinou, mas as palavras do mestre ficam gravadas em nossa memória.

**O professor impõe o aprendizado,
precisa cobrar a matéria.
O mestre desperta a vontade de aprender.**

O professor tem de fazer um esforço para ensinar e, mais tarde, exigir do aluno o que ensinou. Por isso, um professor ensinar nem sempre significa que o aluno aprenderá. Mestre é aquele que ensina de modo tal que o discípulo se interessa em colocar em prática o seu saber, transmitindo-o, por sua vez, a outros. É assim que o mestre estimula a divulgação da sabedoria. Seus discípulos também serão mestres.

[Os discípulos têm no mestre um modelo de vida. Ao mesmo tempo, detestariam ser como os professores.]

O mestre consegue transmitir um conteúdo de forma inteligente e criativa. Mesmo que seja por uma música ou uma anedota, ele estimula o aluno a passar a informação adiante.

Ser mestre é ser um professor evoluído. O mestre ultrapassa a função de "transmissor da matéria" e leva os alunos a descobrirem a vida.

Buscando ser mestre

Ninguém nasce mestre nem professor, assim como ninguém nasce com elevada auto-estima ou tímido. O ser humano nasce com potenciais que podem ou não ser desenvolvidos conforme estímulos ou repressões que recebe.

O professor se prepara e é preparado para ser professor. Pode ser uma profissão como outra qualquer, da qual se sobrevive. E um aluno que busca profissionalização passa por professores que nem sempre são de sua escolha.

Um *professor cidadão* ajuda a construir outros cidadãos. Pois um mestre busca a perfeição por saber-se imperfeito.

Em geral, os mestres consagrados tiveram, a seu tempo, poucos, mas bons mestres, que foram escolhidos por eles. Talvez um professor pense que não é um mestre na sua disciplina; mas, se ele consegue ultrapassar o que aprendeu e aplicar seus conhecimentos no cotidiano de seu aluno, fazendo com que ele tenha interesse em aprender, então, ele é, sim, um mestre. Todo sonho – ou desejo – para ser realizado precisa de um projeto com um objetivo a ser atingido e estratégias de execução. Para ser um mestre é importante que o professor, pelo menos, vislumbre a figura do mestre *que quer ser* e quais são as características a serem adquiridas ou desenvolvidas. Um bom estímulo é saber que alguns caminhos podem ser tomados. Um deles é o objetivo final da Integração Relacional professor-aluno.

Caminhando pela Integração Relacional

A *Teoria Integração Relacional* oferece subsídios para essa transformação evolutiva de um professor a mestre. Para ser um mestre, não basta conhecer bem a disciplina que leciona. É preciso:

1 ESTAR INTEGRADO EM RELAÇÃO A SI MESMO
- sentir-se física, psicológica e eticamente bem;
- estar capacitado para atingir seus objetivos;
- estar receptivo a tudo o que possa melhorar ainda mais sua função.

2 ENTENDER O ALUNO
- considerar a etapa do desenvolvimento na qual ele se encontra;

- levar em conta dificuldades e facilidades específicas no aprendizado;
- inteirar-se dos interesses pessoais que possam ajudá-lo no aprendizado.

3 CONHECER O ECOSSISTEMA VIGENTE

- empenhar-se pela melhoria do ambiente e das condições de trabalho;
- estar informado sobre tudo o que possa atingir o professor, o aluno e seus relacionamentos, como drogas, violência dentro e fora da escola, dificuldades sócio-econômicas, mercado de trabalho etc.;
- praticar a cidadania.

O mestre ultrapassa o conteúdo expresso das disciplinas que leciona e, com freqüência, o terceiro nível do comportamento humano – a capacidade relacional –, colocando em prática amor, disciplina, gratidão, religiosidade, ética e cidadania.

Amor é um dos sentimentos maiores de um em relação a outro ser humano; os filhos podem ser ajudados pelos pais a desenvolver amor dadivoso, amor que ensina, amor que exige, até chegar à maturidade do amor que troca, terminando com o amor de retribuição – quando os filhos passarão a cuidar deles.

Disciplina é a qualidade que faz o ser humano cumprir suas propostas, mesmo sem ser cobrado por alguém, pois sabe que a responsabilidade é sua.

Gratidão é o sentimento de reconhecimento por um benefício recebido direta ou indiretamente. Quem é grato deixa de ser arrogante e egoísta, venenos do relacionamento saudável.

Religiosidade é um ser humano gostar de outro e com este formar um vínculo que passa a ser mais importante que cada um dos dois. O vínculo é a entidade que está acima de cada um dos seus componentes. Em nome desse vínculo, nenhum dos dois faz o que faria se estivesse sozinho. Se puder espiritualizar os vínculos existentes entre pessoas que se identificam, criar padrões de comportamento, rituais, cerimônias, hierarquias de poder e funcionais, cria-se uma religião.

Ética leva em conta um código de valores humanitários internalizado que evita, ao máximo, prejudicar outras pessoas, mesmo na ausência delas. Basta ao outro estar vivo para, independentemente de credo, cultura, raça, nível social, cultural e/ou econômico, merecer respeito e consideração.

Cidadania é uma das mais sofisticadas etapas do comportamento, porque leva em conta não só o aspecto relacional mas também o cuidado com nosso quarto, que se estende sucessivamente à casa, ao local de trabalho, ao bairro, à cidade, à região, ao país, ao planeta... É a cidadania que garante o nosso ecossistema e, conseqüentemente, a qualidade de nossa sobrevivência.

O mestre, ao ultrapassar a função de transmitir somente um conteúdo de forma pragmática, ensina ao aluno um estilo de vida que enobrece a alma. Ele desperta e exercita a *capacidade relacional*. Estimula o respeito a todo ser humano, às regras sociais e à lei maior que rege o Universo.

A onipotência esconde uma mediocridade: sentir-se melhor que os outros. A sabedoria do mestre revela uma grandiosidade: o desejo de aprender com seu aprendiz.

Sábio, o que transcende o mestre

Quando se fala em sábio, o que nos vem à mente? Em geral, a figura de um ancião de barbas brancas, atitude solene e serena, estilo de vida simples, de bom humor, dispos-

ENSINAR APRENDENDO

to a ouvir questionamentos e responder a eles por meio de parábolas, metáforas ou simples analogias, fazendo com que o discípulo, ao assimilar essas informações, encontre suas respostas. Esta figura é o estereótipo de sábio. Atualmente, existem mestres de várias áreas e especialidades. Mas poucos dentre os seres humanos na maturidade são mestres em alguma atividade que transcende sua profissão. Não me refiro à titulação acadêmica pós-universitária de especialista, mestre ou doutor, pois essas titulações podem depender puramente de estudo ou mesmo da prática profissional.

Ser mestre por amadurecimento é transcender a profissão, o que significa praticar uma atividade muito maior do que a carreira exigiria. São mestres também os profissionais que, além da sua profissão, abraçam outras atividades de cunho social, num gesto cidadão de fazer o bem para a comunidade, sociedade, humanidade e civilização.

É por esse caminho que passam a dignidade e a satisfação do educador de estar construindo cidadãos que vão receber e administrar tudo o que estamos lhes deixando – os idosos, esta civilização e o nosso planeta Terra.

Uma pessoa, um povo, uma nação podem evoluir pela Educação. É por isso que insisto tanto em fazer com que professores comuns se transformem em mestres, pois em cada gesto que façam pela Educação, eles poderão transcender a aula comum, e os alunos aprender as grandes lições da vida, que jamais esquecerão.

Mas a maior transcendência é quando o sábio, sem pertencer a nenhuma escola nem estar em nenhuma sala de aula, consegue transformar os seus circundantes em verdadeiros aprendizes da vida. O propósito do sábio não é querer que os outros o sigam, o tenham como líder ou o coloquem como autoridade, mas seu poder está mais no que os outros lhe conferem do que em colocar-se como tal.

O sábio não tem o propósito de ensinar, mas de fazer o que estiver ao seu alcance para melhorar a vida de quem o procura, do ecossistema que o circunda, do Universo ao qual sente pertencer. Sua existência é dedicada não somente aos alunos, mas a deixar tudo melhor do que quando encontrou.

Mais uma anônima transcendência

Em respeito aos sentimentos deste aluno, em lugar do seu verdadeiro nome, passo a chamá-lo de Antônio, e seu professor de José. Antônio era um dos melhores alunos do ensino médio. Ele foi preso por ter cometido um furto. Porém, após sair da cadeia, não mais voltou à escola. O professor, José, estava preocupado com ele, e, num domingo de manhã, resolveu procurá-lo. Antônio estava na sua casa muito pobre, numa região mais pobre ainda. José o chamou e lhe disse:

– Por que você não voltou para a escola? Não precisa me responder agora, mas o pessoal está te esperando!

Imediatamente Antônio respondeu:

– Porque o pessoal não ia me receber, ia me rejeitar...

Interrompendo, José lhe disse:

– Todo mundo está te esperando!

– Mas estou com muita vergonha – confessou Antônio, muito sem jeito...

José foi enfático ao dizer:

– Se você não perdoou a si mesmo, o problema é seu. O pessoal já o entendeu e perdoou. À justiça, você já pagou. Então, não tem razão para não voltar para a escola. Se não voltar, corre o risco de ter que roubar outra vez. Aí a coisa seria

séria. Dê-se a chance que vai mudar sua vida. Volte para a escola!

O professor José virou as costas e foi embora. Antônio estava na classe na semana seguinte. E José ficou satisfeito, muito satisfeito. Este transcender a profissão de professor lhe deu uma sensação que jamais havia sentido como simples professor.

Antônio, por sua vez, virou outra pessoa após essa conversa, ocorrida tão longe da sala de aula. Hoje ele pode se orgulhar de ser um bom universitário!

Para Antônio, José foi o mestre que ele nunca tivera na vida. E José, agora, se sentia mais que um educador, era um mestre, um cidadão!

Quantas transcendências acontecem, das quais nem ficamos sabendo, embora sejam fundamentais para quem as está recebendo. Para o mestre, foi mais uma ação dentre muitas que já fizera e tantas mais que fará, mas para quem recebeu, foi a diferença que transformou a sua vida.

CAPÍTULO 5

UM BANHO DE HORMÔNIOS

A puberdade é um período

mais vulnerável que a infância ou a adolescência,
porque se está trocando de "casca protetora".

A carne do camarão cresce, mas não a sua casca.
Na ecdise, o camarão, por não mais caber na sua casca,
nasce, ficando sem a mínima proteção até ter uma nova casca.
Produto de sua secreção, que, aderindo ao tamanho do corpo,
transforma-se nessa nova casca.
A casca menor é a infância; a maior, a adolescência.
E o pulo entre as duas, a puberdade.
O período mais vulnerável do camarão
aos seus predadores é a ecdise,
e do desenvolvimento hormonal juvenil, a puberdade.

Desenvolvimento humano

O ser humano não nasce pronto, como os peixes, que já nascem sabendo nadar e alimentar-se sozinhos para se protegerem dos seus predadores. O ser humano nasce, continua crescendo e amadurecendo, formando seu corpo e sua mente, até atingir o estado adulto; tem de passar pela infância, pela puberdade, pela adolescência.

Existem características próprias de cada etapa que necessitam de cuidados específicos dos educadores. A *infância* se caracteriza por depender dos adultos e a *adolescência* por não querer depender deles. Relacionar-se com crianças como se já fossem independentes ou com adolescentes como se ainda fossem crianças é um erro de relacionamento dos adultos – pais e professores.

Crianças vão para a escola com 2 anos de idade, quando ainda não se completou sua socialização familiar. São várias as etapas a serem superadas por essas crianças: adaptação e fobia escolar; relacionamentos com coleguinhas que têm semelhanças, mas também muitas diferenças com elas; serem cuidadas por pessoas que não são seus próprios pais.

Puberdade significa a idade do surgimento dos pêlos (a palavra puberdade vem de púbis, que significa pêlo, penugem). A puberdade é uma etapa da vida que fica entre a infância e a adolescência, a qual, por sua vez, fica entre a puberdade e a fase adulta.

Do ponto de vista corporal, é fácil a determinação dessas etapas. Tudo se complica, porém, quando se abordam os componentes psicológico, familiar e social, pois estes dependem dos comportamentos humanos.

De um modo geral, todas as mudanças do crescimento representam um *segundo parto*, o nascer da família para entrar no social, em busca de autonomia comportamental. (O *primeiro parto* é o sair do útero para entrar fisicamente, como indivíduo, na família. O *terceiro parto* é a saída da dependência para a independência financeira. O adulto será responsável pela sua própria vida, tanto do ponto de vista comportamental, sexual e social quanto do financeiro.)

O surgimento dos pêlos é conseqüência direta do aumento dos hormônios sexuais, uma verdadeira inundação de estrogênio, progesterona e testosterona, que provoca também outras grandes e definitivas modificações corporais – um verdadeiro terremoto –, com alterações comportamentais que dependem de cada etapa da adolescência, objeto de estudo deste e do próximo capítulo.

A transformação do cérebro na puberdade

Hoje, com o avanço da neurociência, sabe-se que o corpo, pelo seu tecido adiposo, produz a leptina, que, chegando à base do cérebro, estimula especificamente o hipotálamo. O hipotálamo produz, então, o hormônio liberador das gonadotrofinas. Estas agem na hipófise, que produz o hormônio de crescimento do adolescente e as gonadotrofinas, que, agindo sobre as gônadas, promovem a secreção dos hormônios sexuais. Exponho isso para explicar o quanto de equilíbrio, interatividade e simultaneidade do eixo hipotálamo-hipófise-gônadas é necessário para se chegar a produzir os hormônios sexuais.

Desde que me formei médico, em 1968, venho trabalhando com púberes e adolescentes. Tenho atendido a mais de 75 mil consultas com eles e suas famílias. Por meio dessa experiência, pude elaborar as etapas do desenvolvimento biopsicossocial da puberdade e adolescência, que também fazem parte da *Teoria Integração Relacional*.

Assim como a infância tem as suas fases, tais como oral, anal, sexual, a adolescência geral – quando se inclui nela a puberdade – também as tem, e são cinco: *confusão pubertária; onipotência pubertária; estirão; menarca nas mocinhas e mutação de voz nos mocinhos; onipotência juvenil.* (Os aprofundamentos nas modificações hormonais, corporais e comportamentais de cada uma dessas etapas estão no meu livro *Adolescentes: Quem ama, educa!.*) Neste capítulo, focalizo somente as partes que interessam diretamente aos educadores.

Alunos conforme suas etapas de desenvolvimento

Esse desenvolvimento ocorre em cinco etapas:

1 Confusão pubertária. Os garotinhos com 10 e 11 anos de idade (quarta e quinta séries) e as garotinhas com 9 e 10 anos (terceira e quarta séries) começam esta etapa com aumentos de testosterona e estrogênio e com o surgimento do pensamento abstrato pelo amadurecimento cerebral. Mas o corpo ainda não apresenta modificações significativas. Ora funcionam como crianças que precisam de adultos, ora como mais crescidos que se recusam a ser tratados como crianças.

O grande drama é mais mental que corporal. Nessa fase, não conseguem acompanhar as aulas que exigem pensamentos abstratos. Isso traz sérias conseqüências para o garotinho que na quinta série ainda não está suficientemente amadurecido para entender os conteúdos das disciplinas. (É muito comum eles repetirem a quinta série.) As garotinhas passam por isso na terceira série, que ainda está estruturada para crianças, por isso, elas sofrem menos. Por estarem mais amadurecidas que os garotinhos, elas não encontrarão dificuldades na quinta série.

Há, entretanto, o que chamo de *síndrome da quinta série:* é o sofrimento apresentado pelos garotinhos por não estarem suficientemente amadurecidos para as aulas que recebem. Não se trata de indisciplina, mas de imaturidade. Em geral, até o final do ano letivo, acabam amadurecendo. Entretanto, precisam de ajuda para se organizar, senão são capazes de estudar história para a prova de geografia. Nesse momento, além das transformações internas, o púbere está submetido a mudanças psicopedagógicas da quarta para a quinta série, o que complica muito mais a sua vida.

2 Onipotência pubertária. É uma espécie de rebeldia hormonal provocada pela testosterona, acrescida da evolução cerebral que começa a alterar o sistema de recompensa. Significa que o jovem não sente mais graça em atividades infantis e sua vida começa a ficar tediosa, pois ainda não descobriu novos e mais intensos estímulos que ativem o sistema de recompensa. O garoto fica "contra o mundo" e vive "contra o mundo" e, quando vai mal nas provas, "decide repetir o ano". Gosta de desarmar o professor argumentando: "Você não é meu pai (ou mãe) para mandar em mim". Mas, mesmo em casa, é contra qualquer ordem dos pais. Já manifesta as características masculinas de fazer uma coisa de cada vez, resolver problemas sozinho, não agüentar gente conversando à sua volta, ser impulsivo-agressivo-irritado-impaciente. Num confronto aberto, o professor geralmente perde, pois ele "tem que ser o mais forte" para alimentar a sua auto-estima, mesmo que seus argumentos não tenham nenhuma lógica.

Aqui eles vivem o que chamo de *síndrome da sétima série:* é o conjunto dos sinais apresentados pelo onipotente pubertário de 13 anos. Não acha graça nos estudos, mas se engraça muito com a presença de pessoas do sexo oposto.

A *onipotência pubertária* feminina é bem diferente, pois os comportamentos são regidos pelo estrogênio. É um exagero chamar garotas de onipotentes, porque as questões com elas são mais relacionais do que envolvendo poder. Enturmar-se é fundamental. Tudo existe em função das amigas. Os pais são meros provedores que elas são obrigadas a suportar, mas são colos obrigatórios se elas quiserem chorar, pois se decepcionaram com as melhores amigas, que nessa hora se transformam em "inimigas mortais". Comparar-se às amigas é uma referência, enquanto para os rapazes seria uma competição. Surgem, de maneira exuberante, as características femininas de fazer muitas coisas ao mesmo tempo: falam e escutam ao mesmo tempo; falam para organizar os pensamentos; preocupam-se com os "leões", que os onipotentes do sexo oposto querem "pegar às unhas e dentes". Os professores, mesmo sabendo que é praticamente impossível conseguir o silêncio dessas garotas, deve pedi-lo. Sabendo que têm que fazer silêncio, elas falam menos. Em geral, essa "onipotência" feminina começa já na quarta série.

3 Estirão. É a etapa de maior crescimento do ser humano. Um dos problemas é a mente se integrar a esse crescimento. Os garotos ganham muita altura em pouco tempo: de 1 a 2 anos, ganham praticamente um terço da sua estatura final. As garotas não ganham tanto em altura, ganham em "círculo", pois crescem para a frente – seios, para os lados – quadris, e para trás – nádegas.

Todos tentam disfarçar o que não gostam no seu corpo, usando roupas soltas ou presas demais, principalmente as meninas. Os estirantes acreditam que todos enxergam os seus defeitos, que somente eles mesmos encontram. Portanto, sofrem de baixa auto-estima, ataques de timidez, crises de ódio de si mesmo, morrem de vergonha quando se sentem expostos etc.

Os professores têm que evitar expor individualmente seus alunos com chamadas orais (em pé) ou com chamadas ao quadro negro para escrever seja o que for. Os alunos preferem morrer a serem alvos deste tipo de atenção e querem "matar" as pessoas que os expõem, sejam elas quem forem, pais, parentes, educadores etc. Trabalhos em grupo, ao contrário, ajudam-nos a se protegerem mutuamente.

4 Menarca/mutação. A menarca é a primeira menstruação, que inaugura o poder de engravidar; assim, a mocinha entra para a maturidade sexual biológica. É muito comum as pessoas dizerem: "Ela virou mocinha!" Mutação é a mudança de voz do mocinho, que marca o fim do crescimento em estatura e o amadurecimento do pênis. Capacidade de reprodução ele já tem desde a onipotência pubertária, mas é agora que seu corpo passa a ser mais de adulto do que de adolescente. Custa aos educadores perceber quaisquer modificações marcantes dessas etapas, que vêm em seqüência natural, perturbando pouco as linhas anteriores no comportamento estudantil.

5 Onipotência juvenil. Para professores que não se atualizaram conforme o desenvolvimento dos seus alunos, esta será a etapa mais problemática do relacionamento. Biologicamente amadurecidos, no auge da força hormonal recém-inaugurada, moços e moças sentem-se invulneráveis, poderosos, auto-suficientes, sabidos e capazes de enfrentar qualquer perigo — agora não mais por oposição, como na puberdade, mas por crença. Investem mais na turma do que nos estudos e cobram dividendos dos pais que, agora, recebem *status* de simples provedores.

Adoram ir à escola, mas o que atrapalha são as aulas monótonas, chatas, nada enriquecedoras. Os professores poderiam aprender, se ouvissem essas queixas, que as aulas preferidas seriam movimentadas, subdivididas em pequenos grupos com a participação ativa de todos os alunos na busca do conhecimento.

Os onipotentes jovens estão na fase de abrir os próprios caminhos, mesmo que o parque já seja muito conhecido. Detestam receber coisas prontas, porque eles adoram construir o próprio sonho. Poder com eles não funciona. Um dos meios de ganhar deles respeito e autoridade é aprender com eles o que não sabemos. E eles pensarão: se até os professores aprendem, por que não eles? As diferenças são para serem aproveitadas e, com elas, aprenderem o que não sabem. Os onipotentes são preconceituosos com quem lhes têm preconceitos.

Geralmente na onipotência juvenil, o jovem está freqüentando o ensino médio. É quando a turma ganha uma importância de convívio maior do que o convívio familiar. Sair com a turma é fundamental para ir a baladas, festas, viagens, churrascadas em finais de semana, assistir a um jogo do esporte preferido... É quando o(a) jovem entra na faculdade, ganha (ou não) um carro, passa a morar sozinho em outra cidade (longe dos pais), que toda sua onipotência entra em ação. É esta uma das razões da repetência universitária ou desistência nos primeiros anos do curso, pois o onipotente acredita que pode faltar às aulas à vontade e/ou ficar bebendo até altas horas da madrugada, e/ou experimentar drogas, e que, ainda, pode transar sem a mínima prevenção ou dirigir embriagado.

Em geral, esses jovens estão imunes às investidas dos professores na sua vida particular, e a escola nem tem o hábito de chamar pais de onipotentes juvenis, principalmente se forem adultos-jovens. Acredito que muitos onipotentes deixariam de sê-lo irresponsavelmente se fossem acompanhados mais de perto pelos próprios pais. E o professor, se conhecer as etapas distintas que seus alunos atravessam, terá uma compreensão melhor de facilidades e dificuldades, e poderá escolher os melhores recursos pedagógicos com critérios mais adequados.

Estrogênio e testosterona em ação

A importância desse tema precede à do relacionamento professor-aluno, pois tais hormônios são a base biológica de qualquer relacionamento humano. Se qualquer ser humano deveria conhecer esse tema, os educadores ainda mais. Homens são hormonalmente diferentes das mulheres. Tais diferenças podem aumentar ou diminuir conforme a cultura. É fácil observá-las no cotidiano:

As mulheres falam e escutam ao mesmo tempo, enquanto fazem muitas outras coisas juntas. Já os homens ou falam ou escutam ou fazem uma coisa de cada vez.

Além das diferenças entre as conexões, entre os dois hemisférios cerebrais – muito maior no feminino que no masculino –, o que determina basicamente o comportamento feminino são o estrogênio e a progesterona; e o responsável pelo masculino é a testosterona.

O estrogênio e progesterona não são melhores que a testosterona nem o inverso é verdadeiro. Ambos são complementares. Um precisa do outro para se completar e formar um novo ser. A biologia não deixou outras alternativas para se conceber um filho. Para reforçar a natureza reprodutiva do ser humano, duas mulheres não podem se engravidar, nem dois homens.

O estrogênio é um hormônio de ligação e de ajuda mútua, estimula a auxiliar os necessitados, a compartilhar problemas e soluções. Já a testosterona é um hormônio de "brigação" e expulsão. São esses dois agentes que fazem a grande diferença entre garotas e rapazes, já desde a puberdade.

Ela. Se você prestar atenção na mocinha, verá dois coraçõezinhos apaixonados pulsando em seus olhos, bem abertos, no lugar de duas pupilas. É o estrogênio transbordando afeto para o Universo, que começa com o próprio pai, depois com o professor, a seguir com os artistas e amigos/colegas/ficantes, até escolher um "com quem vai se casar". A descoberta da sexualidade começa depois da expressão do afetivo: antes de sentir atração sexual, a garotinha passa a ver os garotinhos como se eles ganhassem, de repente, um diferente conteúdo: na verdade, é ela que está mudando. Não quer mais ser criança e dispensa a roupa infantil. Acredito que a púbere começa a criar dentro de si um cavalo branco, que representa o seu potencial de amar outra pessoa. Quando ela vê alguém por quem sente atração, ela faz com que ele sente no seu cavalo branco e se transforme em seu príncipe encantado. Muitas vezes, ele nem é príncipe nem gosta de cavalos, muito menos de sentar-se na sela. Os amores platônicos das púberes ficam transitando entre os que ela escolhe, tirando um da sela para colocar outro, que também não demorará para ser substituído. Não é o garoto nem o rapazinho que já vem montado no seu cavalo branco, ele é transformado em príncipe e coroado na sela do cavalo branco da púbere apaixonada.

Portanto, o professor que tome muito cuidado se, de repente, se vir montado em um cavalo branco, vestido de príncipe. Este pode não ser o seu filme. Ele foi colocado como protagonista do filme da púbere que nem sequer ele conhece.

Ele. No fundo dos olhos do púbere, no lugar das pupilas existem duas luvas de boxe. Tudo se resolve no tapa, ele não chega perto de ninguém nem deixa ninguém se aproximar muito dele. Parece estar sempre de mau humor e com poucos amigos. Mais tarde, uma das pupilas é uma luva de boxe, enquanto a outra é sexo. Alguns chegam a ter duas pupilas de sexo, isto é, sexo passa a ser mais importante até do que brigar. Quando ele está nessa etapa, briga com qualquer um para defender o território que está demarcando: seja geográfico, corporal, psicológico...

Uma briga com o professor pode não ser exatamente por causa do professor, mas, porque, naquele momento, ele não quer ninguém no território dele. Isso ferve sua testosterona, e essa fervura freqüentemente "derrete" o cérebro, que passa a não funcionar. É quando o púbere fica instinto puro. Não há nada que o convença nessa hora. Mais vale a pena qualquer pessoa dizer para parar, e depois retomarem a conversa quando estiverem mais calmos. E é próprio desse instintivo nem com isso concordar.

Se os professores encontrarem com os púberes revistas, folhas impressas de situações pornográficas, eróticas ou, até mesmo, de simples nudez feminina, não adianta dar bronca nem expulsar da sala de aula. Têm é que manifestar, quase disfarçadamente, que tudo isto é muito privativo, pois não adianta lutar contra a natureza do despertar sexual. Para os púberes, primeiro vem a descoberta do sexo, e depois o rela-

**O amor platônico das púberes
equivale às fantasias sexuais dos púberes.
Ela, apaixonada, e ele, buscando desempenho sexual.**

O grande problema é quando há choque de interesses, isto é, a moça fica terrivelmente apaixonada por alguém que deseja apenas manter relações sexuais com ela. Em vez de irmos contra a maré da natureza biológica pubertária feminina e da masculina, vale a pena compreendê-las e educá-las. Poderia fazer parte do currículo escolar, como disciplina transversal, o tema *hormônios*. Aulas ou debates sobre o tema provavelmente despertariam a vontade de todos estarem presentes, pois é deles todos – seres masculinos e femininos de todas as idades – que se estaria falando.

Conflito de interesses afetivos

Que os pais querem o melhor para os filhos é indiscutível. Os professores também querem o melhor para os seus alunos, mas sem tantos envolvimentos afetivos e prospectivos. Quando os filhos namoram pessoas aprovadas pelos pais, tudo é uma maravilha. Os conflitos surgem quando essas pessoas são hostilizadas ou frontalmente combatidas.

Mas, mesmo que abordada e/ou solicitada pelos pais para interferir a favor ou contra os namoros dos filhos, a escola não tem poderes para isso. A escola deve zelar pelos bons costumes nos seus aposentos. Não deveria acontecer na escola o "ficar" aos abraços e beijos "de língua", demorados, com as mãos colocadas "não sei onde", como se estivesse o casal em casa ou num "ficódromo" destinado para este fim.

Em se tratando de namoros corporais, qual o limite que separa o permitido do proibido? Se tal limite fosse deixado por conta dos casais "ficantes", ele iria depender da permissividade e da educação que as meninas tivessem, pois, pelos meninos, eles iriam até o orgasmo, com ou sem relação sexual.

Tenho divulgado por todos os ventos que uma escola, para ter autoridade educativa sobre os alunos, precisa ter valores que sejam realmente praticados. Quando normas são seguidas, fica fácil até para os "ficantes" educarem seus impulsos afetivo-sexuais, aprendendo, também, o que é público e o que é privado.

"Ficadas" públicas não têm intimidades sexuais. Estas pertencem no mundo privado. Só ao casal cabe determinar até onde as intimidades sexuais podem chegar. O casal tem que ter maturidade e responsabilidade suficientes para arcar com as conseqüências. Os arroubos juvenis, principalmente dos onipotentes, não têm limites nem escolhem lugares para acontecer. Por isso, cabe à escola interferir, caso o privado comece a surgir. Quando interpelado, o casal costuma se defender, dizendo: "não estamos fazendo nada de mais". Pode ser "nada de mais" para esse específico casal e não ser para outros. Como então a escola vai fazer valer um padrão comportamental, se o casal "ficante" não vê "nada de mal" nisso?

Algum representante da escola deve interferir e levar o casal até a orientadora ou diretora. A diretora pode perguntar ao rapaz:

— *Você não vê "nada de mal" porque não está diferenciando o público do privado.*

— *Não, porque faço isso em qualquer lugar! — pode o aluno responder.*

– *Quer dizer que qualquer rapaz, ou transeunte, pode fazer com a sua namorada ali, naquela hora, o que você estava fazendo? Então, realmente sua garota seria uma "garota pública" a atender qualquer pessoa que quisesse fazer... Isto é: para ela seria indiferente fazer com você o que vocês fizeram ou com aquele seu rival?*

Se a garota também defendesse o que casal fez, a diretora poderia perguntar:

– *O que você estava fazendo com o seu namorado, você faria na frente do seu pai?*

Caso a diretora, ainda assim, fosse contestada, estaria na hora de chamar os pais do casal para uma reunião para trabalharem em conjunto essa transgressão.

Força relacional quase instintiva

De tanto que observo essas forças agindo em todas as pessoas, independentemente de raça, cor, cultura, nível social e ambiente, resolvi usar a expressão "quase" instintiva, porque ainda não temos como constatar se são ou não instintivas de fato. A humanidade sente essas forças, mas poucas pessoas as reconhecem e aceitam-nas de fato. Vou simplesmente apresentá-las

Separar namorados jovens pode ser uma complicação imensa para os pais, pois eles se atraem como ímãs que se grudam, mesmo através de barreiras. Essa atração tem origem cerebral e hormonal.

Numa briga entre pai e filhos, a mãe se alia mais aos filhos que ao marido. É a força do "hormônio de mãe" – progesterona. A mulher é mais mãe do que fêmea.

Numa briga entre mãe e filhos, o pai protege a mãe. É a força da testosterona. O homem é mais macho do que pai.

Numa briga entre pais e filhos apaixonados, estes se aliam muito mais aos seus namorados do que atendem aos pais. É a força da natureza de dois jovens que se unem por quererem mais trilhar seus próprios caminhos afetivos e sexuais do que atenderem ao que seus pais lhes pedem.

A força do relacionamento entre professores e alunos é relativa, mas sempre mais frágil, menos duradoura, menos afetivo-emocional que entre pais e filhos.

Filhos são para sempre.
Alunos são transeuntes curriculares.

Dois modos diferentes de ser

Não são apenas os alunos que diferem das alunas.
Os professores também são diferentes das professoras.
Tudo isso traz diferenças nos seus relacionamentos.

Muito ligadas às amigas, as mulheres pensam para fora, compartilham preocupações e habitualmente encontram um jeito de ajudar umas às outras.

É muito gostoso conviver com as garotinhas nessa fase de 9 a 10 anos, em que procuram ser íntimas do professor e da professora e têm muita disposição para colaborar. Obviamente, eventuais problemas pessoais podem impedir maiores aproximações.

Talvez o que mais interesse a você, professor, é que nesse período o pensamento abstrato começa a se desenvolver, portanto, a capacidade de entendimento aumenta bastante e de forma global.

O comportamento dos garotos tem muito da testosterona. Quando começa o banho hormonal, o púbere masculino sente a transformação em seu corpo, mas não consegue compreender o que está acontecendo. É como se fosse um automóvel superpotente, uma Ferrari dirigida por um motorista fraco. A mente não consegue administrar tudo o que o hormônio lhe confere. O principal atributo fornecido pela testosterona nessa idade é a força física. Por isso, a primeira reação do menino a qualquer situação conflitiva é partir para a briga. Antes de tentar entender, ele já mete a mão. E, quando não pode ou não consegue, faz oposição, porque é mais fácil opor-se do que se organizar para reagir mais adequadamente. A dificuldade que ele mesmo tem para entender o que se passa em sua cabeça faz com que ele se isole. Se era muito falante quando criança, agora se torna mais calado. Não gosta muito de ser procurado. Ele quer aparecer com uma solução pronta. Quer pensar sozinho. Não se arrisca a falar muito. Pensa para dentro. Se está preocupado, se fecha.

Até o ritmo do crescimento corporal é diferente entre o feminino e o masculino. Os meninos nascem maiores que as meninas. Na infância, as meninas crescem e amadurecem mais do que eles. Na adolescência, os meninos crescem e amadurecem mais do que elas, como para recuperar o atraso. As garotas de 14, 15 anos equivalem aos rapazes de 16, 19 anos.

Mas analisemos o comportamento dos professores. Vamos imaginar uma professora contando um problema a um colega. Ela expõe a dificuldade e, por meio da fala, vai se organizando, enquanto o professor presta uma atenção muito grande às suas palavras. Assim que ela termina, em geral, o professor já dá uma resposta de ação sugestiva para a professora: "Eu acho que você deve agir assim..." E, de repente, percebe que não era nada disso que a colega esperava. Ela não queria uma solução. E ele ainda é capaz de ouvir uma resposta do tipo: " É, você não entendeu nada", e vê-la virar as costas, deixando-o boquiaberto, sem entender nada mesmo. O que aconteceria se ela tivesse procurado uma professora para se abrir? Assim que a ouvinte percebesse a dificuldade, começaria a falar do próprio problema, relacionado ao tema mencionado pela outra. Ao ouvinte externo, poderia parecer que as duas falavam ao mesmo tempo. De fato, mas ambas se entendiam. No final da conversa, as duas sairiam satisfeitas, mesmo que não houvesse uma solução, por terem compartilhado um problema.

Caso um professor escolhesse uma colega para desabafar, assim que ela percebesse do que se tratava, já começaria a falar ao mesmo tempo. Ele pediria, então: "Deixe eu acabar de falar".

Quando um homem fala, não quer só compartilhar, quer resolver. Se a mulher falar junto, pensa que não está sendo ouvido. E, se a colega não propuser uma solução, aí ele terá certeza de que não foi ouvido. Entretanto, se conversar com outro homem, este o ouvirá em silêncio até o fim e terá uma resposta pronta, assim como ele havia agido com a professora.

> O esforço que o homem faz para falar de seus problemas é semelhante ao da mulher para não falar dos dela.

Esses comportamentos tão distintos entre os dois sexos começam já na puberdade, no banho de hormônios. Os professores devem estar atentos para essas diferenças e não exigirem o mesmo tipo de comportamento de alunos e alunas.

CAPÍTULO 6

O SEGUNDO PARTO

A passagem da infância para
a adolescência equivale a uma mudança de fase
de um joguinho eletrônico,
do futebol de várzea para a segunda divisão.
Tudo tem mais adrenalina, vigor,
astúcia, rapidez, inteligência...
Também os riscos são bem maiores!
É a transformação da
criança-na-família-com-seus-pais para o
adolescente-na-sociedade-com-seus-amigos...

O número de sinapses neuronais vai crescendo
e atinge o máximo na puberdade,
e as sinapses excessivas são eliminadas
pela falta de uso, perdendo também
um terço dos receptores de dopamina.
Assim, cai a sensibilidade do sistema de recompensa,
e o jovem precisa de emoções mais fortes.
E parte em busca de novidades de alto impacto.

Cérebro em transformação no adolescente

Prestes a acabar o banho de hormônios, com o cérebro em transformação, garotos e garotas entram na adolescência propriamente dita. O que caracteriza o final do banho é a maturidade sexual. Uma das últimas estruturas cerebrais a amadurecer é o córtex pré-frontal. Seu amadurecimento pode chegar até aos 30 anos de idade de uma pessoa. Ele é responsável pela memória de trabalho, concentração, planejamento, cálculo de conseqüências, empatia, habilidade de inferir no que o outro está pensando etc.

Na mulher, a maturidade sexual se dá após a menarca (primeira menstruação), que nos lugares quentes ocorre em torno dos 10 anos de idade e, nos frios, 12 anos (há casos de meninas que menstruam aos 9 anos no Nordeste e aos 14 no Rio Grande do Sul).

No homem, a maturidade sexual ocorre por volta dos 16 anos, com o aparecimento do pomo-de-adão – o popular gogó – e a conseqüente mudança de voz, a chamada mutação. Antes de estar totalmente maduro, o rapaz já tem a capacidade de engravidar uma mulher. A espermarca (formação dos primeiros espermatozóides) acontece em torno dos 13 anos.

[
A adolescência propriamente dita começa após a menarca das garotas e a mutação dos garotos.
]

A fase do pós-banho de hormônios assemelha-se muito a do pós-parto, em que a criança começa a descobrir o mundo. Guiada pela curiosidade, engatinha, mexe em tudo, não tem noção do perigo. O critério do que pode e não pode ainda não foi aprendido, por isso ela necessita de alguém que supra essa parte como se fosse um ego auxiliar.

Também o adolescente, no pós-banho de hormônios, está ávido por conhecer o mundo. Apesar de já ter muitas noções aprendidas do que é certo e errado, ao partir para o encontro da sua identidade quer estabelecer padrões próprios. Por isso, tende a negar os critérios existentes, transmitidos por educadores, pais e professores; não tem maturidade cerebral suficiente para ser prudente e fazer prospecções para o futuro.

Enquanto tudo isso está acontecendo hormonalmente e com o cérebro em transformação, o adolescente experimenta uma sensação que quando criança praticamente não existia. Brincadeiras de criança não lhe dão mais o prazer que davam, portanto, perdem seu significado. O comportamento pode ser ativado pelo sistema de recompensa (um conjunto de estruturas que recompensam com sensação de prazer tudo o que é bom, útil, interessante ou dá certo), estimulando sua repetição pelo querer mais. Tudo ocorre com o auxílio da dopamina, uma substância neuromoduladora, produzida pelos neurônios, que serve de veículo para as mensagens bioelétricas entre os próprios neurônios.

Brincadeiras infantis alimentam o sistema de recompensa da criança, pois é muito grande o número de receptores de dopamina. Na adolescência, esse número diminui bastante, portanto, capta-se menos dopamina, diminuindo a sensação de prazer e surgindo a sensação de tédio. Agora, ele precisa de estímulos mais fortes, novidades, atividades estressantes.

Na puberdade e adolescência, o circuito de recompensa passa a ser estimulado pela presença da pessoa do outro sexo, pela independência física dos pais, pelo viver entre amigos. Todas essas mudanças, que são conseqüências do cérebro em transformação, caracterizam a entrada para um novo mundo, saindo do conhecido familiar para adentrar, sem volta, no desconhecido. É ao mesmo tempo cheia de novidades, perigos, recompensas, prazeres novos, aprendizados; é, enfim, uma espécie de mudança para uma fase mais adiantada de um joguinho eletrônico.

Tudo o que foi dito até agora serve para justificar a base neurológica e o funcionamento do cérebro para esse segundo parto. Nada é gratuito na adolescência, tudo tem uma razão de ser. O que escapa da neurociência pode ser explicado pela educação e convivência. Um dos passos da *Teoria da Mente* é este que acabamos de fazer. Quando compreendemos o que acontece com o cérebro do adolescente, estamos registrando dentro de nós esse acontecimento, com o qual podemos entender outros adolescentes. Resumindo:

O que temos dentro do Eu,

veio do Tu

para voltar para Eles.

Enfim, o segundo parto é um nascer do esquema criança na família, com os pais, para o do adolescente na sociedade, com os amigos. Todo e qualquer educador, ao compreender o que se passa com o cérebro do seu aluno, o que já lhe aconteceu na vida, quais os sonhos, projetos e motivações que reinam na sua mente, no lugar dos preconceitos baseados na sua própria falta de conhecimentos, terá à sua frente não um aluno, mas um professor a lhe ensinar os passos de como abordar para ensinar outros alunos. Isso é o cerne do ensinar aprendendo.

Mania de Deus

A maturidade sexual confere ao rapaz uma grande força biológica. Destemido, ele passa a experimentar situações de perigo. Propõe-se a desafios para medir o seu poder. O onipotente juvenil acredita ser capaz de fazer tudo. Bem diferente do onipotente pubertário, que reage com força perante aquilo que é incapaz de resolver. Interessado em descobrir o mundo, arrisca tudo. Minimiza a existência do perigo enquanto maximiza sua força. Quanto maior for o desafio, maior será a sua auto-afirmação. É o auge da onipotência juvenil, a mania de Deus: "Tudo o que eu quero, eu posso".

Mães que se queixam da timidez do filho podem ficar surpresas: se na onipotência pubertária o adolescente se isolava, agora busca pessoas com quem conviver. Estabelece um critério de seleção para escolher os amigos e também é escolhido por eles.

Esse grupo, que nasce na escola, no clube ou no edifício, passa a ter um grande significado afetivo para ele. Ganha o *status* de turma e, freqüentemente, torna-se mais importante para o jovem do que a própria família. Ele é mais fiel aos amigos do que aos pais. É com a turma que o jovem se aventura socialmente, deixando a família para trás. É um movimento de afastamento quase fisiológico, pois é nesses contatos que ele vai escolher o seu grande amor. Não conseguindo ser paciente o suficiente para esperar, quer tudo na hora, já. Daí a sua pressa em viver, pois sabe que o momento pode passar, ao mesmo tempo que se angustia por não estar fazendo nada. É uma fase de grandes debates e discussões, chegando a brigas e gritarias com pais e professores, que são geralmente menos atirados e mais prudentes.

O maior choque entre um onipotente e um educador surge quando este exige que o aluno cumpra uma tarefa que, para ele, não tem sentido – ainda que faça parte de suas responsabilidades. Por exemplo: tem de estudar Química, mas acha aquele conhecimento dispensável por não ser de uso imediato. Para que estudo algo que nem tenho onde usar? – pensa o jovem, no auge do imediatismo interesseiro.

Em casa é difícil conviver com o onipotente, porque ele já se acha dono do próprio nariz. Aproveita-se do conforto do lar, mas não faz nada para ajudar a família, ou seja, não liga para a "cidadania familiar". Quer ser bem tratado em casa e na escola, mas pode submeter-se a privações com a turma durante viagens e acampamentos, por exemplo.

O pior mesmo é na escola, principalmente quando esta segue um sistema de ensino tradicional. Agora é que vem à tona todo o despreparo pessoal para ter uma convivência relacional. O onipotente juvenil não consegue aceitar conselhos de um adulto – principalmente se este for também onipotente. O encontro vira uma briga de deuses.

Cérebro imaturo do onipotente juvenil

Prevenção não existe para o cérebro imaturo do onipotente juvenil. Ele vive no presente, não consegue olhar para o futuro e nem aprende com o seu passado. Para ele, os educadores "encanam" demais.

Faz parte do amadurecimento cerebral – biológico – criarse a imagem do que se quer no futuro, registrar tal imagem, e ficar depois lembrando dela como algo que se precisa atingir. Um adulto que pretende comprar um carro, registra no seu cérebro esse desejo. Coloca tal sonho no futuro, para realizálo quando tiver condições. Vai guardando dinheiro, sempre com o desejo em mente. Tal desejo justifica o sacrifício de outros pequenos desejos como viajar, comprar roupa etc.

Um cérebro imaturo também pode pretender comprar um carro, e começa a guardar dinheiro. Porém, quando surge uma viagem, simplesmente o desejo por ela fica mais forte que pelo carro, e ele vai viajar com o dinheiro que já estava guardando. O cérebro imaturo não se lembra do desejo do carro. É como se o imaturo não se lembrasse do futuro, de querer comprar o carro, e lembrasse dele próprio, e acaba realizando um desejo iminente. Daí o imediatismo dos jovens imaturos.

Quando o jovem quer dizer algo para o colega, durante a aula, ou fala agora ou acaba "esquecendo". Seu cérebro não está suficientemente maduro para lembrar que ele precisa falar com o colega. O professor precisa "emprestar" sua memória para o aluno – a respeito do desejo de falar com o colega. Se estiverem conversando, deve dizer: "Depois da aula vocês conversam". Se, em vez disso, mandar o jovem "calar a boca", significa comprar briga, desobediência, indisposição... O jovem tem seu cérebro imaturo, mas quer ser respeitado.

Caso o professor consiga despertar nele a motivação para o aprendizado, sem dúvida nenhuma, ele será um grande parceiro. Se pisar no calo do aluno, porém, pode ganhar um inimigo mortal. Despertar a motivação significa "emprestar" a ele a memória, lembrando que "isso cai na prova", que "aquilo é importante" para realizar o seu sonho etc.

**Dê poder a um ignorante
e você verá a ignorância no poder.**

Onipotentes mal-educados podem agir como selvagens: não cumprimentam, não agradecem, não respeitam quem está falando, fazem tudo o que lhes vem à cabeça, sem o mínimo bom senso. É como se usassem apenas sua parte animal (comportamento instintivo que faz parte do cérebro imaturo).

Se um adolescente adota comportamento grosseiro com todos os professores, isso indicará falta de educação. Imaturidade não significa grosseria. No entanto, caso ele seja indisciplinado somente com um professor e adequado com os outros, o problema pode estar especificamente no relacionamento desse professor com o aluno.

Nas escolas tradicionais, contudo, o professor sente-se atingido na pele, porque não existe um padrão de comportamento determinado pela escola, como "um avental a vestir". Só lhe resta, então, tomar atitudes individuais que o expõem mais no nível pessoal do que no de representante da escola.

> É bom que os professores se reúnam e troquem idéias entre si, ao encontrar dificuldades com os alunos. Os alunos trabalham em grupos para enfrentar os desafios e acabam somando suas forças, enquanto os professores se isolam, e acabam se enfraquecendo.

Com freqüência, a onipotência juvenil deixa os professores em dúvida sobre como agir, além de gerar uma indignação que pode ser expressa na frase: "Eu tenho tantos anos de magistério, aí chega esse pirralho querendo ditar regras". Se o professor reage dessa forma é porque foi mortalmente atingido na sua pessoa física, e não na função de coordenador da classe.

Mimetismo e embriaguez relacional

Adultos saudáveis podem freqüentar diferentes ambientes e adequar seu comportamento ao contexto sem perder a identidade. Podem ir a um velório ou a um casamento sem ser inadequados. Essa capacidade de adaptação ao meio é o *mimetismo relacional.* É como um camaleão, que troca de cor conforme o ambiente, mas não muda sua forma. Graças ao mimetismo relacional, pessoas diferentes podem conviver em sociedade.

Quando está em turma, o adolescente apresenta comportamentos que dizem mais respeito ao grupo do que à formação pessoal. Chega a fazer o que jamais faria sozinho ou na presença dos pais. Pratica atos de vandalismo, abusa de drogas, expõe-se a perigos como "rachas", pratica esportes radicais.

Essa mudança de comportamento é a *embriaguez relacional*, que não está ligada ao uso do álcool, mas, sim, à desestruturação do sistema psicológico pela presença de outro igual.

> **Se a personalidade fosse a palma da mão,**
>
> **e os dedos, as diferentes funções,**
>
> **um adulto poderia identificar**
>
> **se usa seus dedos ou sua palma,**
>
> **e o jovem poderia misturar tudo:**
>
> **personalidade com funções e vice-versa.**

É como se o adolescente não tivesse a palma da mão formada e o dedo ocupasse o lugar que caberia a ela. Nesse período, ele nega a existência da palma e firma a existência do dedo. Age como um camaleão hipotético, que a cada situação diferente muda não só de cor mas também de forma. Não é possível, portanto, falar em mimetismo, e, sim, em embriaguez relacional.

Tais conceitos são fundamentais no processo da educação global. Muitos pais desconhecem, por exemplo, a embriaguez relacional. Quando são chamados à escola por problemas de indisciplina do filho é comum não acreditarem no que a direção relata e até acusá-la de difamar seu filho: "Ele nunca fez isso antes, como poderia fazer na escola?" Isso é ingenuidade. E, apoiados na ingenuidade dos pais, os adolescentes pioram ainda mais o comportamento escolar.

CAPÍTULO 7

ESTUPRO MENTAL

Estupro é um "crime que consiste em constranger indivíduo, de qualquer idade ou condição, a conjunção carnal, por meio de violência ou grave ameaça; coito forçado; violação" (Dicionário Aurélio Século XXI).

A palavra estupro, por mim aqui utilizada, não é o crime, mas a violência de empurrar um conteúdo dentro de alguém que não esteja preparado para recebê-lo. O exemplo clássico de cautela é aquela "história do gato que subiu no telhado". Não se diz à querida vovó que seu gatinho de estimação morreu de repente. Começa-se dizendo que "o gato subiu no telhado" para que a vovó vá se preparando para receber a notícia de que seu "amado" gatinho morreu. Se dissermos a ela abruptamente "que o gato morreu", a vovó pode morrer e acompanhar seu querido gatinho.

Estupradores mentais

Estupradores mentais são aqueles professores que põem os pés na sala e desembestam dando aula, só porque está exatamente no horário de ela começar e a maioria dos alunos está na classe. Agindo assim, funciona como um estuprador que ataca suas vítimas e as obriga a manter relações com ele sem estarem preparadas. Ele se prepara, mas pega de surpresa sua vítima.

Está claro que se os alunos vão à escola é para ter aulas. Portanto, ter aulas não significa surpresa para os alunos. O estupro a que me refiro é a falta de "aquecimento", é o fato de a mente não estar devidamente preparada para receber a aula. Eles podem até escutar, mas estão ouvindo, prestando atenção aos conteúdos da aula?

Existem professores severos que *não são* estupradores mentais. Os alunos aceitam suas regras, procuram estar dentro do horário, já sentados, aguardando-o entrar. Esse professor não é furioso, mal-humorado ou "gritão"; ele é firme e exigente, quer que os alunos aprendam, corrige as provas com atenção, a ponto de perceber a similaridade nas respostas dos alunos que colaram um do outro. São valorizados, temidos e respeitados pelos alunos e, freqüentemente, invejados pelos seus colegas que nem sequer conseguem que seus alunos entrem na sala. Os alunos amadurecem e aprendem com tais professores.

O estuprador mental, por sua vez, entra na sala despejando a matéria e sai falando: um jorro de conhecimentos. Não importa se a informação chega aos que deveriam ser os mais interessados nela, os alunos. O professor se encanta com o próprio jorro de saber, e o aprendizado fica em segundo plano. Na verdade, ele não liga para a classe. O estuprador mental nem sequer avalia o estado dos alunos. E há os alvoroçados, porque fizeram um recreio agitado, os cansados, porque tiveram uma aula anterior exaustiva, os aborrecidos, porque nada lhes interessa, os ansiosos pelo jogo que terão a seguir, e os que vieram de uma "ficada", portanto com os hormônios à flor da pele. Nada disso o professor percebe.

É preciso que as mentes sejam aquecidas para poderem "degustar" a aula. Quase sempre um metódico, esse estuprador tem ritual para tudo. Independentemente do que estiver acontecendo, mantém seu comportamento-padrão e faz o que está habituado a fazer.

Curioso é que, dentro da diversidade de alunos numa classe, existem aqueles que conseguem aprender "mesmo assim", pois são eles que querem aprender, não importa quem lhes ensine. A grande maioria, contudo, desliga-se da aula, não interage com esse tipo de professor: rende muito mal porque foi "violentada".

As crianças submetem-se a esse tipo de violência, os púberes fazem-lhe oposição e os jovens sabotam esse tipo de poder.

Mas o professor-estuprador não chega a questionar sua eficiência. Muito organizado internamente e com tendência à auto-suficiência, acredita que os errados são os outros. Se os alunos não aprenderam, "azar o deles, que não souberam aproveitar". Ele simplesmente chega, satisfaz-se e vai embora. Se a escola já era ruim, esse estilo de professor piora ainda mais a vida do aluno.

Quem se lembra da aula passada?

Um educador não estupra seus alunos, estimula-os a aprender. Para modificar o comportamento estuprador é necessário que este seja identificado e reconhecido pelo seu portador. Essa necessidade é fundamental, pois só ele mesmo pode identificar-se estuprador e adotar um novo comportamento. Cada pessoa que encontre um caminho que a leve a mudar seu próprio comportamento.

Uma das minhas sugestões é que o professor, em vez de chegar ditando a matéria, poderia iniciar a aula com uma singular pergunta : "Quem se lembra do que foi dado na aula passada? Quem disser uma palavra sobre a aula passada ganha um ponto!"

O mais comum seria o professor perceber um certo espanto estampado no rosto dos seus alunos: "Aula? Que aula? Quando? Onde?" Mas, ao ouvir essa pergunta, automaticamente o cérebro dos presentes evoca a aula anterior, parte dela ou de um episódio que nela tenha acontecido.

Quando um dos alunos lembra, sua palavra, dita em voz alta, ativa a memória de boa parte dos outros, os quais logo passam também a lembrar. Após cinco palavras, vindas cada uma de um aluno diferente, a classe toda se lembra da aula anterior – e, assim, as mentes estão preparadas para receberem o que o professor preparou.

**Um bom aperitivo para o professor começar a aula
é perguntar à classe:
"Quem se lembra da última aula?"
Assim se estabelece uma ponte entre ambas as aulas.**

O cérebro se habitua a fazer uma ponte entre uma e outra aula. E, se houver o hábito de introduzir todas as aulas desse modo, elas ficarão gravadas numa seqüência, como se não tivesse havido espaço de tempo entre elas. Por isso, todo aluno que responder, deve ganhar pontos. Ensinar é um ato progressivo de amor e de generosidade. Amor é dividir o que se sabe com quem não sabe e cada um compartilhar do conhecimento do outro. Para amar é preciso ser generoso, para se dar, para se entregar. Dar um ponto ao aluno que merece materializa o amor no relacionamento professor-aluno. Talvez você, professor, estranhe que um aluno tenha muitos pontos no final do bimestre, "trocentos" pontos. Basta que aplique um peso ponderal a esses pontos para acrescentá-los à nota das provas. (Se bem que o professor deveria perceber que, se esse aluno tem tantos pontos é porque sempre se lembrou, por isso, teoricamente, poderia até ser dispensado de fazer as provas.)

Mas o professor pode, ainda, dar um passo além. Ele pode aproveitar a participação dos alunos e perguntar: "Quem identificou, viu aplicado ou aplicou o que foi dado na aula passada?"

O estudante que conseguir ganha 5 pontos. Terá de contar como aplicou o que aprendeu, porque, com sua narrativa, estará *ensinado o professor* a associar sua disciplina escolar ao cotidiano dos jovens. (Há professores cujas matérias são transmitidas de maneira tão desvinculada e distante da vida dos jovens, que é até digno de admiração quando o aluno aprende alguma coisa.)

O professor lucrará muito quando conseguir fazer o mesmo: unir sua matéria escolar à vida prática. E os alunos também! Muitos jovens têm conhecimentos, mas não são *sábios* porque não os exercitam. Talento apenas não é suficiente, como não bastam os conhecimentos interiorizados. São como pérolas dentro de ostras. É preciso saber comunicá-los, colocá-los em prática para usufruir o melhor da vida.

Expressar e transmitir

Perguntando aos alunos sobre a aula anterior, sobre a aplicação prática dela, o professor, *ao ouvi-los,* está demonstrando humildade e vantagens de aprender sempre. Se até o professor se dispõe a aprender, por que não eu, o aluno? É o *ensinar aprendendo,* razão primeira desta obra.

Ao falar e ensinar, o aluno está exercitando a comunicação e aumentando sua competência na expressão de suas idéias. (Muitos alunos têm conteúdos dentro de si, mas faltam-lhes palavras, sem as quais eles não sabem se expressar e muito menos se comunicar.)

Expressar é simplesmente exteriorizar o conteúdo de quem fala, enquanto *transmitir* significa conseguir comunicar para fazer-se entender pelo outro. Professores há, que mesmo sendo professores, somente se expressam, isto é, falam sem ouvintes, sozinhos, pois não estão atentos aos alunos. É preciso que os professores constatem se os alunos realmente entenderam o que eles expressaram. É um dos bons caminhos para que haja interação no relacionamento.

Um dos grandes motivos de o aluno ser reprovado nas provas é não conseguir entender a matéria que um professor apenas expressou. A maioria dos alunos que não conseguiram entender acabam procurando professores particulares para repetir-lhes o que o professor *expressou* em sala de aula. Aulas particulares? Diminuem a competência do professor, pois cai o seu rendimento se não se fizer entender. Assim também cai a competência do aluno, se ele tiver que gastar o dobro de recursos para conseguir o mesmo resultado. E gastam os pais ou o Estado, com a sua repetência, migração ou abandono escolar.

> O lucro maior dessas perguntas orais é que o professor cumpre o papel de mestre: auxilia no processo de transformação da informação em conhecimento.

A tendência natural de quem faz três ou quatro vezes a mesma coisa é repeti-la sem pensar. Imagine o que se passa com um professor que repete sua aula inúmeras vezes, anos a fio. Resista a essa tentação! Do contrário, limite-se a transmitir automaticamente as informações, e estará sendo um professor "decoreba", ou seja, transmitirá um conhecimento perecível e descartável.

CAPÍTULO 8

"DECOREBA": A INDIGESTÃO DO APRENDIZADO

O sistema de avaliação
do aprendizado dos alunos
basicamente por provas e/ou testes escritos mensais,
bimestrais e/ou trimestrais geralmente leva ao
grande vício da "decoreba", que é
deixar tudo para estudar na véspera da prova.
Favorece a indisciplina e a procrastinação.
O pior: o que cai na prova não é o que cai na vida.

As provas escritas

Não apenas o jeito de passar a matéria é que se torna inadequado no sistema educacional clássico. A forma de cobrança do conhecimento, isto é, se o aluno aprendeu, também está defasada. A escola que avalia o aluno basicamente pelas notas nas provas mensais, bimestrais ou trimestrais é parcial, porque faz uma leitura incompleta do seu desempenho.

Às vezes, as notas mais altas podem pertencer a quem colou, e não a quem mais aprendeu. Esta é uma questão ética do aluno: pode ter boa nota, mas não tem ética. Também poderia ser uma questão de sorte se, dos muitos tópicos, o único que o aluno estudou é que cai na prova. Assim, este aluno sabe bastante esse item, mas o resto da matéria continua uma incógnita.

O mais grave, porém, é quando o aluno não apresenta a inteligência lógico-matemática e é fraco em Lingüística, critérios nos quais se baseia a maioria das provas escolares. O aluno vai ser reprovado, não por não saber, mas por ter dificuldades para realizar a prova.

O que está em questão é que mesmo sabendo a matéria, o aluno pode ser reprovado. São avaliadas amostras do conhecimento, portanto, depende do acaso a escolha delas.

[Não só a Educação mas também o sistema de avaliação do aluno não acompanharam a evolução da humanidade.]

Se quisermos medir, de fato, o conhecimento do aluno, isto é, quanto ele aprendeu, teremos de fazer avaliações pormenorizadas e extensas. Não daria tempo de cumprir o extenso conteúdo programático.

"DECOREBA": A INDIGESTÃO DO APRENDIZADO

Quando são feitas avaliações mensais do tipo provão, o aluno acaba se organizando para estar pronto para elas. E só estuda exatamente na véspera da prova.

Existe até uma dinâmica de classe, bastante característica entre os alunos, em épocas de prova. O bom aluno é assediado e cercado pelos colegas que querem colar dele na prova. Passado esse período, porém, aquele aluno é "esquecido", freqüentemente vira alvo de zombaria e até agressão, sendo chamado de "nerd". Chega-se ao absurdo de encontrar alunos inseguros, os quais, não querendo passar por "nerds", acabam *não* se esforçando para tirar notas altas.

"Nerd" é diferente de "gênio". O "nerd" estuda muito e quase não participa de outras atividades. Tem conotação bastante pejorativa. Os "gênios", mesmo sem estudar, vão bem nas provas. Os "vagais" (vagabundos) não fazem nada, não estudam e fingem que não se incomodam com as notas.

Bill Gates disse aos alunos de uma escola onde foi para uma palestra: "Seja legal com os CDFs (aqueles estudantes que os demais julgam que são "nerds" e babacas). Existe uma grande possibilidade de você ir trabalhar para um deles".

Se aprender é como comer, estudar somente para a prova mensal equivale a ficar o mês inteiro jejuando e, num único dia, engolir tudo o que deveria ter sido o alimento ao longo do mês. Supondo que isso fosse possível, o que aconteceria com o organismo desse comensal?

Quem comesse dessa forma sofreria um empachamento gástrico violento. Teria de ficar com a coluna reta, o esôfago esticado e sem se movimentar para evitar refluxos. Depois, provavelmente, seria vítima de um desarranjo intestinal. Os alimentos não seriam digeridos e atravessariam o organismo intactos, sem nada deixar. O corpo, que não fez proveito deles, simplesmente trabalhou inutilmente.

Da mesma forma, o aluno que praticamente "engole" um livro antes da prova não pode se mexer muito para as informações não saírem do lugar. Se decorou, ele engoliu frases e parágrafos inteiros da matéria e, quando não se lembra do começo da frase ou do parágrafo, não recorda mais nada. Portanto, precisa de um *start* (início) para continuar acionando o restante.

> A grande diferença entre o material "decorado" e o aprendido é que quanto ao último o aluno usa os conhecimentos da maneira que quiser e tem a possibilidade de criar, superando o que o professor lhe ensinou.

Se uma mãe, preocupada com a prova, resolve ajudar o filho e lhe toma a lição, isto é, faz perguntas tal e qual a lição lhe pede, ele pode responder tudo corretamente. Sobretudo porque a mãe repete as perguntas do caderno. Ambos ficam felizes. Mas na prova o filho tira zero. Quem mandou a mãe tomar a lição do filho? O que ele reservou provisoriamente para a prova foi usado, como se aquela informação tivesse sido retirada com uma pinça. Ou seja, ele acabou gastando aquela informação e ficou sem ela.

Se a mãe quiser realmente ajudar o filho, deve fazer as mesmas perguntas, mas ele precisa responder com as próprias palavras e não simplesmente repetir o texto. *Ao ter que usar o cérebro para falar com as próprias palavras*, o aluno acaba remexendo dentro de si as informações e reorganizando algumas delas para responder. Ao usar as informações, estas passam a ser conhecimentos. Quem assim responder estará mais preparado para fazer as provas.

> "Decoreba" é um produto descartável e perecível. Ao ser usada, é descartada. Seu prazo de validade é curto. E se não for usada rapidamente, perece.

Tudo o que um aluno decoreba faz é engolir a matéria. Não houve tempo para que a informação fosse desintegrada, assimilada e reintegrada. Engoliu-a e devolveu-a intacta. Assim é a decoreba: *a indigestão do aprendizado.*

Da mesma forma que o decoreba aproveita pouco essa refeição "concentrada", após tanto tempo de jejum, também o aluno "última-horista" não consegue aproveitar o que decorou. Tem uma falsa impressão do que seja aprendizado, pois pode até tirar notas boas. *Mas isso não significa que aprendeu. Esse aluno sabe que não sabe.* Está consciente de que decorou ou colou, mas arrota um conhecimento que não tem, porque o sistema escolar valoriza somente as notas conquistadas. Nesse contexto, o relacionamento professor-aluno conta muito pouco. Pais e professores ficam impotentes diante de um adolescente que tira notas altas. Aparentemente ele está cumprindo a sua obrigação.

A maneira mais eficaz, entretanto, de acabar com a decoreba é diminuir o valor das provas e aumentar o valor das participações diárias dos alunos em aulas, além de verificar realmente os trabalhos de pesquisas que tenham sido realizados fora das salas de aula, com possíveis apresentações aos colegas de classe.

> A decoreba indica o estudo específico para a prova – por isso, os alunos insistem em saber exatamente o que vai cair. A motivação não é o saber, mas a nota em seu sentido absoluto.

Se o aluno precisa de cinco pontos no exame final, só estuda as páginas ímpares do livro. Para que estudar as pares se precisa somente da metade da nota? Em outras palavras: estuda apenas o suficiente para tirar aquela nota. E os pais? Muitas vezes reforçam esse tipo de comportamento com comentários do tipo: "Não precisa tirar dez. Só quero que você passe de ano".

Inteligências múltiplas de Gardner

Como se tudo isso não bastasse, avaliações por meio de provas prejudicam alunos com habilidades para expressar seu conhecimento de formas distintas. Alguns se expressam melhor por meio da arte, outros da música ou do esporte. Segundo a teoria das inteligências múltiplas, elaborada por Howard Gardner, educador e psicólogo da Universidade Harvard, nos EUA, existem sete tipos de inteligências:

1 Intrapessoal ou pessoal (mais conhecida por inteligência emocional, graças aos livros de Daniel Goleman): capacidade de autocompreensão, automotivação e conhecimento de si mesmo. Habilidade de administrar os sentimentos a seu favor.

2 Lógico-matemática: própria dos cientistas, é a capacidade de raciocínio lógico e compreensão de modelos matemáticos.

3 Lingüística: caracteriza-se pelo domínio da expressão verbal.

4 Espacial: comum em escultores e pilotos de avião, confere um sentido de movimento, localização e direção.

5 Musical: própria dos compositores, ocasiona um domínio de expressão com sons.

6 Corporal-cinestésica: acarreta domínio dos movimentos do corpo.

7 Interpessoal: capacidade de se relacionar com o outro, entender reações e criar empatia. Ela é essencial ao professor.

O currículo normal e as provas privilegiam o conhecimento lógico. Um excelente artista com dificuldades em disciplinas "exatas" talvez passe em todas as matérias e "fique" em Matemática. Daí, repete o ano e é obrigado a cursar tudo de novo: as matérias em que passou e aquela em que foi reprovado.

> A repetência escolar nivela tudo pelas notas baixas, desqualificando as notas altas já obtidas.

A falta de reconhecimento das variadas capacidades do aluno decepa seu ânimo para continuar estudando e desperta nele a vontade de abandonar os estudos.

Como complicadores, existem ainda professores que traumatizam tanto o aluno na disciplina que ministram, que a carreira futura é escolhida mais para negar essa matéria do que por uma aptidão pessoal. Péssimos professores de Matemática ceifaram a carreira de futuros bons engenheiros, mas que optaram por outras especialidades só para se afastar da disciplina.

Lembro de apenas alguns terrores cometidos por tais professores. Exercícios de Matemática usualmente teriam pesos de "um a dez", numa seqüência que prevê aumento progressivo de sua dificuldade de resolução. Para as provas, professores costumam elaborar questões cuja dificuldade seria igual a "vinte". Como se vê, somente poucos seres "iluminados" terão, assim, um resultado favorável. É desse modo que um professor passa a ter um poder muito grande sobre o aluno no sistema de avaliação que está sendo usado.

Raciocínios que induzem a erro

Alguns professores abusam, utilizando nas provas as famosas "pegadinhas", raciocínios que levam a uma falsa conclusão.

Como a arma do professor é a prova, ele pode usar artifícios nada nobres, desde a extrema rigidez na correção da prova até o aumento da dificuldade em níveis inusitados, incluindo raciocínios que induzem a erro.

Em palestras com esse tema, costumo fazer uma "pegadinha" com todo o público presente. Começo pedindo ao público na palestra (e a você, que agora está me lendo), que repitam comigo o que vou lhes pedir, porque tenho a ousadia de fazer a mesma "pegadinha" com você. Mas, antes, vou lhe explicar o procedimento. Cubra toda a página para você não saber o que está escrito na linha seguinte ao que já leu. Para isso, vá descobrindo linha por linha. Descubra a segunda linha abaixo, depois de cobrir a primeira linha, e assim por diante:

Agora, leia em voz alta: BRANCO, BRANCO, BRANCO.
De novo, repita em voz alta: BRANCO, BRANCO, BRANCO.
Pela terceira e última vez, fale bem alto: BRANCO, BRAN-CO, BRANCO.
Responda imediatamente à pergunta a seguir:
– O que a vaca bebe?
Você respondeu: – LEITE?
Desde quando vaca bebe leite?
Quem bebe leite É BEZERRO!
A vaca bebe ÁGUA!
Você respondeu: – ÁGUA?
É porque você já conhecia a pegadinha...

Façam essa "pegadinha" com as pessoas que estiverem à sua volta e preparem-se para dar boas gargalhadas.

Mas o que aconteceu com o cérebro dos que caíram na pegadinha? O cérebro vai se acostumando com a cor branca, a cor do leite. À palavra "vaca", o cérebro está acostumado a associar "leite". No envolvimento da brincadeira, o cérebro automaticamente une ambas as associações e, aí, surge a resposta errada.

No mesmo estilo, uma pegadinha a mais:

Diga: UVA, UVA, UVA!
Repita: UVA, UVA, UVA!
Responda:
– Mulher que não casa é?

Agora pense na resposta que você deu: Viúva é quando o marido morre...

Memorizar a informação

Cada pessoa tem uma facilidade específica para reter informações. Enquanto algumas se fixam nas palavras, outras guardam o movimento e são capazes de repeti-lo, idêntico, depois. A dificuldade corriqueira de lembrarmos nomes pode representar falta de uso ou interesse. Mesmo que gostemos de uma pessoa, se ficamos certo tempo sem encontrá-la, podemos esquecer seu nome, mesmo que recordando a fisionomia. A melhor maneira de não esquecer o nome do interlocutor é repeti-lo várias vezes durante a conversa. Ou, então, associá-lo a pessoas de mesmo nome. Na verdade, cada um precisa conhecer o método de memorização mais eficaz para si mesmo e utilizá-lo em seu benefício.

Causas psicológicas e emocionais podem ou não facilitar a incorporação do conhecimento. O aluno retém a informação e a transforma em conhecimento porque:

Gosta: tem uma ligação afetiva com o professor ou com a matéria.
É pitoresco: lembra uma piada, uma música, um ritmo ou movimento.
É bizarro: envolve algo muito diferente.
É engraçado: o humor favorece o entendimento, pois relaxa o estado de tensão mental.
É musical: pela sonoridade; basta ouvir uma vez que registra a musicalidade do tema.
É matemático: nada mais agradável que poder transformar o tema em números para sua compreensão.
É colorido: o tema se destaca dos demais pela cor, pela estética.

Odeia: o avesso de gostar também produz resultado eficaz.

Repete: a insistência colabora para imprimir o conhecimento.

Faz analogias: são lendas, parábolas e contos com mensagens que facilitam a compreensão e, conseqüentemente, o aprendizado.

Quando o professor percebe que seus alunos têm gosto eclético para o aprendizado, pode usar diversos temperos para o mesmo prato. Como sempre há quem goste, haverá sempre um aluno que aprenda. Aqui também se nota como é importante que o professor conheça o conceito de inteligências múltiplas de Gardner.

CAPÍTULO 9

INDISCIPLINA NA ESCOLA E NA SALA DE AULA

Atrasos, conversas paralelas, vandalismo, bullying, "colas", roubos, mentiras, brigas, desrespeitos aos professores, não-cumprimento de regras, abusos, e tantas outras indisciplinas... Quais atitudes devem ser tomadas?

O grande desafio dos educadores é: encontrar a conseqüência educativa progressiva.

Escola, mais que família, menos que sociedade

A falta de educação do adolescente fica mais evidente na escola, pois há mais regras a obedecer e responsabilidades a cumprir. O que um filho deixa de fazer em casa pode ser absorvido pelo resto da família; entretanto, se um aluno, na escola, não fizer sua obrigação, por princípio, ninguém fará por ele.

Com certeza, um filho dificilmente fará fora de casa o que nunca fez no seu lar. Ou seja, um filho que respeite seus pais terá muito mais facilidade para respeitar seus professores e não terá dificuldade nenhuma em cumprir suas tarefas na escola.

Se nunca sentiu gratidão aos pais, o filho, como aluno, não ficará agradecido aos professores por ter aprendido algo. Pensa: "o professor não fez nada mais que a obrigação".

Como se pode perceber, é na sala de aula, no relacionamento com os professores, que surge a *indisciplina* que a família sempre tolerou e deixou passar.

Uma das funções da escola é exatamente essa: ao enxergar a indisciplina, servir de espaço intermediário entre família e sociedade. É um contexto no qual as regras e exigências são mais severas que as da família, porém mais brandas que as da sociedade. Portanto, a escola não deveria deixar passar impune o que na sociedade não poderá acontecer.

**A família pode tolerar,
e a escola não deixar passar
a indisciplina que a sociedade irá punir.**

Todos os alunos têm que passar por uma determinada situação, várias vezes em um mesmo dia: é a entrada na sala de aula. Nessa situação específica, existe o compromisso de o aluno já estar na sala quando o professor chegar. Chegar depois dele é atraso, um não-cumprimento do combinado, uma transgressão. Numa família, por outro lado, o atraso geralmente é absorvido. Todos se manifestam livremente – com vários tipos de reações, desde a indiferença até a agressão, quando chega o retardatário. Mas nada lhe acontece. Usam-se estratégias até de combinar um simulado horário antes, para poderem todos sair no "horário certo". Mas o que acontece quando uma pessoa chega depois que o avião já decolou? Não existem reações de outros passageiros ou da tripulação; o avião simplesmente decola no horário marcado. Não embarcou? Perdeu o vôo. É obrigatório chegar duas ou uma hora antes. Já viajei em aviões que decolaram minutos antes do horário, após a chamada pelo microfone avisando: "Esta é a última chamada do vôo 14 da Cia. Alada, para o Aeroporto de Nhaca". Perdeu o prazo do pagamento? Paga multa! A sociedade simplesmente pune o atrasado com multas ou perda do compromisso.

A escola é um espaço intermediário entre a tolerância e a intolerância a atrasos. Mas como uma instituição de ensino, ela procura ensinar o aluno a não se atrasar, a honrar seus compromissos, quando tais falhas já passaram pelo crivo educativo familiar.

Intolerância aos atrasos dos alunos

Um professor pode conceder um limite de tolerância de quinze minutos, outro de apenas cinco, outro, ainda, pode ser totalmente intolerante ao atraso. Atualmente é o professor o único responsável pelo critério de tolerância ou não aos atrasos.

A maioria das reações de contestação dos alunos que estavam na sala se volta contra o professor, chegando até a transformar-se em indisposições pessoais.

Se, porém, a regra escolar estipula tolerância de, no máximo, cinco minutos após o início da aula, o professor não precisa expor seu próprio limite. Cumpre-se a regra. Evitam-se disparidades entre um e outro professor. Passados cinco minutos, os alunos são barrados e ponto final. Quem determina a regra é a escola. O professor, como os alunos, obedece às regras, sem exceções.

> Se cada professor tiver de tomar uma atitude porque chegou a seu ponto máximo de tolerância, é porque a escola não estabeleceu uma regra mínima para proteger a integridade de seus funcionários.

Convém lembrar que quarenta cérebros de alunos podem funcionar melhor que o de um professor e lhe criar ciladas. Sempre há um aluno que se empenha em quebrar as regras sem ser flagrado pelo professor. Um dos métodos mais comuns é entrar sempre no limite do tolerado: o aluno chega sempre com cinco minutos de atraso. Uma boa medida está em o professor impedir que o aluno faça das exceções uma nova regra. As exceções são feitas em situações especiais, e não rotineiramente.

Os atrasos poderiam ser problemas escolares e não indisciplina na sala de aula.

Para a escola não deixar as indisciplinas passarem sem conseqüências, impunes, é importante que ela se organize contando, é claro, com todo o corpo docente e funcionários para que estejam em contato com seus alunos, para que enfrentem o grande desafio educativo que é encontrar a *conseqüência educativa progressiva.*

Conseqüência educativa progressiva

Este conceito é o equivalente escolar do princípio educativo familiar: "Coerência, constância e conseqüência", presente nos meus livros *Adolescentes: Quem ama, educa!* e *O Executivo e sua Família – O sucesso dos pais não garante a felicidade dos filhos.*

Existe um terreno educativo que pertence tanto à escola quanto à família. É a área do comportamento relacional com outras pessoas e o respeito da preservação da escola. Transgressões nessas áreas teriam que ser resolvidas pelos pais e pelos educadores, sem ter que apelar à justiça. Esta deveria ser acionada só nos casos que transcendem o poder da escola. Mesmo apelando à justiça é interessante que primeiro se tente trabalhar, com a participação dos próprios pais, a indisciplina escolar, que pode ser delinqüência social ou não. Este trabalho entre pais e escola para a educação de uma pessoa – criança ou adolescente – está no final deste livro, no capítulo "Educação a seis mãos".

Não é bom para ninguém que um aluno chegue atrasado à aula. É sempre uma movimentação – pequena ou grande – desnecessária. Não importa o motivo, os alunos não podem chegar atrasados à aula. É uma norma, um padrão de comportamento civilizado. Logo, chegar atrasado é uma transgressão.

Faz parte de normas passadas anotar atrasos para, acumulados três, o aluno ser suspenso da aula. Claro é que, se ele atrasa, é porque não está tão interessado na aula e vai ficar feliz em ver-se livre dela, mesmo que suspenso: passa a ser um prêmio. Teria valor de reflexão e arrependimento, sim, se o aluno tivesse prazer em assistir à aula.

> Se a aprendizagem do aluno é o que mais interessa ao professor, a medida punitiva – suspensão da aula – não seria adequada, pois ficaria muito próxima da medida tomada no contexto social. Na escola, o atraso merece uma medida educativa que auxilie na sua formação profissional.

Se o professor propuser ao aluno atrasado que, depois da aula, peça a um colega para lhe explicar o que perdeu em conteúdo (pois haverá chamada oral na aula seguinte, e ele pode obter 1 ponto), já há uma mobilidade. Se o colega que explicar também ganhar um ponto, o aluno (e o colega) não ficará, certamente, paralisado na transgressão. É como assistir a um filme tendo perdido o começo a que se vai ver na próxima sessão. É um *ato progressivo*, portanto, e não retrógrado, como costuma ser a mera suspensão do aluno. É, sobretudo, *educativo*, pois o aluno continua a sua formação.

É *conseqüência*, pois ele vai mobilizar um esforço próprio para compensar a perda ocorrida.

Professores em palestras costumam me perguntar: "Mas não estaremos premiando o transgressor, dando-lhe 1 ponto?" Eu creio que não. Cada aluno é único na sua personalidade e aspirações. Se o atendimento à individualidade não prejudicar o coletivo, não há por que deixar de fazê-lo, principalmente se essa medida pode beneficiar também outros alunos.

Na aula seguinte, o professor, após perguntar "Quem se lembra da última aula?", com a classe já a postos, chama o aluno que se atrasou antes pelo próprio nome e lhe pergunta o que o colega lhe explicou. Com essa estratégia, tal aluno poderá até interessar-se pela aula, visto que um dos principais motivos para ele perder o interesse é não estar entendendo nada da matéria, não se preocupar em alcançar a matéria dada, e faltar com a sua ingestão e digestão.

Educação deve vir de casa?

A maioria dos professores diz em uníssono que "Educação deve vir de casa". E, na vida social, se diz que "Educação vem de berço". Mas não é verdade, pois nas escolas é que se percebe o quanto crianças e adolescentes não têm educação, apesar de terem "casa", de terem "berço".

Nos meus livros *Quem ama, educa!*; *Adolescentes: Quem ama, educa!* e *Disciplina, Limite na Medida Certa – Novos Paradigmas*, me estendo bastante sobre a educação familiar. Os atrasos de crianças dependem mais dos seus responsáveis do que delas mesmas. Bem diferente são os adolescentes que, mesmo que os pais os deixem na porta da escola a tempo, se perdem ou se enroscam com colegas pelo caminho às salas de aula.

Há pais *terceirizando* a educação dos seus filhos para a escola, declarada ou subterraneamente, principalmente nas questões nas quais eles perderam o controle. Disciplina e responsabilidade, valores familiares, são os que os pais mais cobram da escola.

> Filhos são como navios. Os pais são os estaleiros e a escola os equipa para a vida. Por melhor que seja o porto, não foi para ali ficar ancorado que o navio foi construído. Também os filhos foram feitos para singrar os mares da vida e não para ficar eternamente à roda dos pais. (*Quem ama, educa!*)

E não adianta dar instrumentos aos filhos se eles não estiverem capacitados para usá-los. É quanto a esse preparo que a escola entra com a *disciplina e responsabilidade*: para enfrentar comportamentos inadequados por ela percebidos. A escola não tem essa obrigação, bastaria que avisasse os pais sobre as inadequações, para que estes tomassem as medidas necessárias, e pronto, sua parte estaria cumprida. Mas a escola, mesmo que não esteja incumbida de transmitir valores que deveriam vir do berço (preparados pelos próprios pais), pode, no entanto, ajudar dentro da sua capacitação.

É bom lembrarmos que existem pais "folgados" e "ingênuos", os quais atribuem a responsabilidade da repetência à escola, usando argumentos como: "Se meu filho freqüenta a escola, a responsabilidade é dela e não nossa". Esquecem-se, esses pais, que mesmo a escola fazendo a parte dela, se o aluno não fizer a parte que lhe cabe, poderá ser reprovado. Aliás, um aluno começa a ser reprovado no começo do ano. Se ele precisa tirar nota alta nos exames é porque tirou notas baixas durante o ano.

Em tempos de internet, cada pessoa estabelece a sua própria maneira, forma e condições para adquirir informações e conhecimentos por intermédio dos sites de busca. Mas também se diverte muito com joguinhos e campeonatos individuais e/ou grupais, sozinhos ou formando times, com conhecidos e/ou estranhos. Relaciona-se muito mais com seus amigos e/ou estranhos, mesmo que seja virtualmente, pelos *blogs, fotoblogs,* MSN etc. Tudo sem horário para entrar e muito menos para sair. O usuário faz o que quiser, quando tiver vontade. Quem estabelece tudo é ele mesmo...

E a escola? A escola não tem de competir com a internet, até porque seus usuários ficam até viciados nela. Nunca se ouviu falar em alunos viciados em querer assistir às aulas.

Podem até gostar um pouco, mas adoram férias e feriados. A escola tem que incorporar a internet, cada vez mais, para fazer seu bom uso complementar.

Nunca ouvi falar de um aluno que habitualmente briga com os pais para ir à escola. Os pais precisam brigar com os filhos para que larguem um pouco o computador. Tanto os filhos querem se dedicar a ele, que os pais precisam ensinar os filhos a administrar o tempo e a qualidade de uso do computador. Mas e a escola? Os pais também têm que controlar os boletins escolares, da mesma forma: tanto quanto seus filhos querem esconder os maus resultados.

O *boletim* ainda é uma das melhores maneiras de se acompanhar a formação pela qual tanto os pais querem que a escola se responsabilize. Não é normal um filho trazer notas baixas, principalmente se tiver todas as condições para estudar. É por intermédio do boletim que os pais podem (e devem) perceber que um filho começa sua repetência escolar já nas primeiras provas.

É pelo boletim que os pais obtêm a certeza de até onde devem interferir na vida dos filhos. Para se atingir um objetivo – ser aprovado – o aluno tem várias metas – provas mensais – a serem cumpridas. A escola se encarrega de uma parte, mas ela não pode se responsabilizar pela parte que cabe única e exclusivamente à família.

A educação pode não vir de casa, mas a escola não pode ser conivente com a falta dela. Em muitos casos, a indisciplina também está nos pais. A escola tem que voltar suas atenções para esses pais, com orientações, exigências, palestras, leituras obrigatórias e muitos outros recursos (como atendimentos por profissionais especializados) para os ajudar a serem também educadores.

**Não basta serem pais,
é necessário que sejam também educadores,
para que o filho seja um cidadão ético e progressivo.**

Causas da indisciplina dos alunos

Inúmeras são as causas da indisciplina dos alunos nas escolas. Dada a importância desse tema, mesmo não pertencendo ao foco deste livro, vou simplesmente mencioná-las aqui, por ordem de gravidade. Os primeiros itens são aqueles que a própria escola pode ajudar a resolver, e os últimos são os que necessitam de atendimento por profissionais especializados:

- Indisciplina ou próprio da adolescência?
- Birras, mordidas, roubos, e choros infantis.
- Síndrome da quinta série e Síndrome da sétima série.
- Reações normais tumultuadas.
- Indisciplinas silenciosas.
- Distorções e oscilações da auto-estima.
- Brigas entre colegas.
- *Bullying* e *cyberbullying*.
- Violência.
- Disputas no tapa.
- Vandalismo.
- Depredações e vandalismo dos não-alunos da escola.
- Uso de drogas: álcool; cigarro e maconha; inalantes domésticos e portáteis.
- Distúrbios e transtornos pessoais.
- Distúrbios psiquiátricos.
- Distúrbios neurológicos: Hiperatividade e Déficit de Atenção (DDAH); dislexia.
- Deficiência mental.

- Transtornos de personalidade.
- Transtornos neuróticos.

O "avental" que protege o professor

Todos os professores de uma escola deveriam se reunir com coordenadores e diretores para estabelecerem entre si um padrão para cada tipo de transgressão que os alunos cometem. Assim, poderiam levantar um inventário das indisciplinas mais comuns dos alunos, avaliá-las e estudar quais as conseqüências educativas progressivas a serem adotadas pelos professores. Esse padrão será o "avental" comportamental que protegerá as idéias e a pele do professor das transgressões e agressões dos alunos.

Para chegarem a esse "avental", todos os professores teriam de participar da sua "confecção". Mesmo que um professor não concorde com o "avental" votado e aprovado pela equipe, terá de vesti-lo. Se recusar-se, estará dando aos alunos um exemplo de desobediência, e estes se sentirão autorizados a também infringir outras normas escolares.

Há uma grande diferença entre o "avental" que representa a função escolar, a roupa e a pele do professor. Se o aluno transgride, agride ou atira um objeto contra o professor na sala de aula, o primeiro a ser atingido é o avental, portanto, a escola. Quando o professor veste o "avental", está representando a escola. Assim como o professor é resguardado pelo avental, precisa também defender a escola da qual faz parte. Defendendo a escola, ele estará se protegendo.

O "avental" preserva a escola.
A roupa resguarda a função do professor.
A pele protege a integridade física do professor.

Caso o professor não use o "avental", as transgressões dos alunos atingirão sua roupa. O professor estará sendo atingido na sua função em sala de aula, que deveria ser respeitada por todos, inclusive por ele mesmo, pois essa função está predeterminada e bem definida antes mesmo de começar a aula. Quando o professor se sente atingido na sua pessoa física, nas suas convicções pessoais ou nos seus sentimentos é porque a agressão atingiu o alvo visado. Sua reação torna-se tremendamente pessoal. Isso é muito sério, pois a transgressão do aluno atravessou o "avental" escolar e a roupa para atingir a pele do professor.

Assim como há professores de pele (casca) grossa, a quem nada atinge, há também outros cuja sensibilidade fica exposta, mesmo sob proteção do "avental". Está claro que os professores não poderão virar robôs com aventais de ferro, como as armaduras dos cavaleiros medievais, que tiram inclusive a sua liberdade de expressão e criatividade. Porém, a escola não deve distribuir aventais rotos e esburacados, que não protegem seus representantes.

O "avental" comportamental dos professores gera tranqüilidade nos alunos e confiabilidade nos pais.

O uso do avental

A escola que confeccionar o seu "avental" comportamental terá uma organização própria caracterizada pela integração das opiniões e aprovação de todos os professores. No "avental", estará presente a contribuição de cada professor, portanto, não lhe será estranho o uso.

Num atraso de entrada à sala de aula, a ação do professor não mais se baseará na sua própria tolerância. O professor não usaria mais os seus critérios pessoais de avaliação do atraso, mas faria o que todos fariam, cumprindo o que determinasse o "avental".

Pessoas civilizadas são disciplinadas.

Uma das primeiras ações sociais para a maioria das pessoas é aprender a se comportar civilizadamente em sala de aula. Essa educação pertence à escola, pois a cidadania familiar existe num nível de tolerância muito maior do que na escolar. Uma pessoa não faz socialmente o que faz em casa. É na sala de aula que se começa a praticar a convivência social, onde se exercita o princípio de "o que for bom para um, tem que ser ético e progressivo para todos os demais". Mesmo porque nenhum aluno faria mal de propósito a si próprio.

Um professor não deve se sentir agredido pelo atraso do aluno, mas tem que se incomodar, porque esse aluno não está sendo ético nem progressivo. Os pais e a escola estão lhe dando as condições para que não se atrase. Não é ético não realizar a parte que lhe compete. Quem concorda com a falta de ética do outro também está sendo menos ético.

O uso do "avental" já protege o professor dessas questões, pois ele estará sendo ético e progressivo com a equipe. Sem o avental, não é somente o aluno que está sendo prejudicado, mas também o professor, os colegas, os pais, a sociedade – portanto, o país. Quando um professor vestir o avental, ele estará fazendo o que todos os outros professores fariam, e quem eventualmente será agredida é a educação, são as normas educacionais, e não o professor em questão. O uso do avental faz que todos sejam organizados, disciplinados e progressivos, fator essencial à formação da cidadania.

Educar ou punir?

O desrespeito à figura do professor é uma queixa comum da maioria das escolas, como tenho insistido. O adolescente não reconhece a entrada do professor, que é obrigado a fazer malabarismos para atrair a atenção da classe, não agradece, levanta-se e interrompe a aula sem pedir licença.

> A escola deveria ensinar àqueles que não conhecem "boas maneiras" de civilidade e exigir a prática de quem sabe.

Uma das origens da indisciplina familiar é a falta de os pais exigirem que os filhos façam o que *já sabem que devem fazer*. Quando os pais deixam a indisciplina passar, estão sendo incoerentes, pois carregam a contradição entre o proibir verbalmente e o permitir comportamentalmente. Se proíbem, e depois permitem, estão sendo inconstantes. Se nada acontece após o ato delinqüente, os pais estão sendo inconseqüentes. Essas situações ilustram como ferir o princípio educativo familiar da *coerência, constância e conseqüência*.

> Quando os alunos não fazem o que têm que fazer, é preciso que se exija deles que o façam para que o não-fazer não se torne um hábito.

Na escola, toda ação do professor deve estar baseada na conseqüência educativa progressiva. É para isso, repito, que o "avental" do professor entra em cena, pois ele traz dentro de si o caráter da *conseqüência,* isto é, não se perpetua a impunidade; da *coerência,* pois rege os comportamentos de todos os professores; *educativo,* por exigir que o aluno já não faça na escola o que não poderá fazer na sociedade; e é *pro-*

gressiva, pois o aluno fica melhor, os colegas se beneficiam, e a educação como um todo melhora.

Punição ou castigo não é o melhor método educativo, pois paralisa o aluno no erro, é aplicado por quem está usando mais poder que autoridade, e pouco serve de aprendizado para o punido. Conforme a pessoa, ela pode sentir-se estimulada a ser retrógrada, isto é, no lugar de se educar, busca o caminho de não ser descoberta nem pega para ser castigada.

Em muitos lugares, privilegia-se o roubo, pois o funcionário, diretor, político, profissional liberal é simplesmente afastado. Esta é uma punição inconseqüente, pois o delinqüente não precisou devolver o que roubou. Cria-se, assim, a aparência de que é bom roubar, pois além de não ter mais que trabalhar, pode viver tranqüilamente do produto do roubo, pois seu crime já foi expiado com seu afastamento.

[A punição pode educar nos casos que a educação falhou.]

Para garantir que a educação tenha falhado é preciso avaliar também o educador, pois é muito fácil inocentar-se a si mesmo acusando outras pessoas. Muitos pais afirmam que "fizeram tudo pelos seus filhos", e se eles "deram errado" é porque não eram "bons". É preciso verificar se esse *tudo* a que os pais se referem realmente é tudo ou é apenas *tudo* o que eles sabiam ou achavam que estava ao seu alcance.

Entretanto, há muitas "doenças incuráveis" que matavam pessoas e hoje são curadas com antibióticos. O mais correto seria dizer que "para essa doença, não conhecemos ainda o tratamento", porque logo, logo os cientistas podem descobrir a sua cura. O mesmo ocorre na educação. *O tudo, portanto, é relativo.*

Se o jovem, porém, não aproveitou as tentativas educativas, talvez esteja na hora de sentir a perda de privilégios como punição. Está claro que a perda se refere ao que o jovem já possua. Se ele já fez um plano de viagem com amigos para depois das provas, mas foi reprovado, a conseqüência seria não viajar para ficar tendo aulas ou estudando. Se não tiver nada planejado, o jovem não sentirá a perda, portanto, as conseqüências talvez sejam a de ter que trabalhar, ou qualquer outra coisa que, além de ser útil para sua educação, represente um bem para a sociedade, para que seja progressivo.

Perder o uso do telefone celular, não poder usar a internet, não fazer programas com amigos, para quem valoriza tudo isso é uma perda violenta. Entretanto, é preciso que se dê um prazo de duração e custo da perda, para que o jovem se entusiasme a recuperar o que perdeu. Se não houver nenhuma esperança, significa que não tem mais o que perder. Quem nada tem a perder, costuma arriscar tudo. Se o jovem estudar e recuperar as notas nas provas, recebe de volta o que perdeu. Se ficar sem nenhuma transgressão – este é o custo – durante "x" tempo – este é o prazo – o jovem recupera um dos itens perdidos.

A educação pode salvar onde a punição falhou.

É o caso de pessoas que cometeram crimes e fariam melhor se, no lugar de terem ido para a prisão, tivessem a oportunidade de refazer com as próprias mãos os problemas que causaram, como crimes que provocam queimaduras, levando à morte a sua vítima, seja ela quem for (mendigo, sem-teto, índio etc.). A condenação aos criminosos deveria ser também trabalhar diariamente em hospitais de queimados – ou onde houvesse queimados graves – cuidando das vítimas e fazendo-lhes curativos. O que os criminosos aprenderiam ficando atrás das grades ou mesmo fazendo serviços comunitários que não consistissem em cuidar com as próprias mãos dos ferimentos que causaram? Serem responsáveis pelos seus crimes faz com que os criminosos se relacionem com as suas vítimas, cujas dores e sofrimentos podem despertar o sentimento de responsabilidade pelos seus atos. Eles veêm as conseqüências das suas ações criminosas.

Vale a pena repetir: cada escola tem que vencer o desafio de encontrar no seu próprio ambiente as ações que compõem o "avental" comportamental dos professores e que sejam conseqüências educativas progressivas. As medidas adotadas por esse "avental" deveriam ser tomadas como leis da cidadania escolar. Deveriam ser praticadas por todos os professores, pois estes, em sala de aula, representam a escola.

Educar filhos para a cidadania

**O filho que não arruma seu quarto
pode ser o aluno que não preserva sua escola;
poderá ser a pessoa que emporcalha a sociedade,
e seria um cidadão que não preservaria o planeta.**

Pode ser que em casa um filho jogue papel no chão, largue tênis, uniforme e material escolar pelo caminho, que a mãe/pai ou a empregada se encarregam de recolher.

É claro que os pais ensinaram esse filho a arrumar seu quarto e zelar por ele. Mas o filho não o faz, mesmo sabendo o que tinha que fazer. Permaneceu sem fazer porque os pais não exigiram que fizesse. Agora já virou *direito* seu deixar o quarto bagunçado. Os pais perderam autoridade, pois se submeteram ao *não-fazer* do filho. Portanto, quem tem autoridade nessa casa é o filho, mesmo que os pais tenham poder de provedores.

A falha educativa foi falta do amor *que exige*. Os pais, por amor aos filhos, têm que exigir deles que, no mínimo, façam o que sabem. Pois quem faz o que sabe, logo aprende como fazer melhor. Quem sabe, mas nada faz, acaba atrofiando o seu saber. Se os filhos sabem organizar seus pertences e zelar por eles, saberão também não sujar a escola nem emporcalhar a cidade. Se um aluno joga papéis no chão, demonstra que existe uma incoerência interna entre o saber e o fazer.

A escola não deve perder esta nova oportunidade que a sociedade oferece à pessoa para que aprenda a ser cidadão. A primeira foi a da família, agora é com a escola.

Lembro-me de uma escola pública da periferia de uma cidade do interior que vivia suja. Uma classe vivia sempre suja, cheia de lixo que os próprios alunos jogavam. Ninguém cuidava dela. Até que, um dia, a professora comprou cinco pequenos baldes de plástico. Ela colocou cada um num final de corredor formado entre duas fileiras de carteiras. Pediu que cada aluno catasse do chão os papéis que estivessem ao alcance de suas mãos e jogasse no cestinho, para depois empurrá-lo para o aluno à sua frente.

Em pouco tempo, os cestinhos estavam lá na frente e a sala bem mais limpa. A operação foi sendo feita, e os alunos ficaram muito satisfeitos por viverem em lugar mais limpo, com auto-estima melhorada, pois foram capazes de realizar a operação, com sentimento de responsabilidade aumentada, pois a limpeza dependia deles – agora praticantes da cidadania escolar.

Quem começa a arrumar a bagunça do próprio quarto começa a se incomodar com a da casa. Assim ocorreu na escola, pois os alunos conseguiram contagiar seus colegas, e a limpeza estendeu-se pela escola inteira, sob a responsabilidade de todos, e não somente do pessoal da limpeza. Divulgo esse trabalho, pois é uma medida fácil de ser tomada. É também mais uma comprovação de que as soluções para grandes problemas podem ser simples. Depende de quem realmente assume a iniciativa, arregaça as mangas e faz um projeto dos seus sonhos ou estabelece o objetivo, e subdivide sua realização em metas a serem cumpridas. Não se consegue tal trabalho com *poder*, mas, sim, com *autoridade* e *liderança* da pessoa que assumiu a conseqüência educativa progressiva.

Mas nem tudo são flores: pois, mesmo havendo pais que se sentem profundamente agradecidos aos professores que conseguiram que os filhos incorporassem valores tentados sem sucesso em casa, há outros que, além de não reconhecerem a importância de se construir um cidadão, vão contra a escola.

Em uma outra das capitais brasileiras, uma escola pediu ao aluno que catasse os papéis que havia jogado no chão do pátio. Ele fez um escândalo danado e disse que não era lixeiro; não recolheu o lixo que ele mesmo produzira. Foi para casa e disse aos pais que havia sido constrangido publicamente, que ele passou a maior vergonha, que nunca mais voltaria para aquela escola. Os pais foram imediatamente reclamar à diretora:

– Meu filho nunca precisou pegar uma vassoura em casa. Vocês humilharam meu filho. Vou processar a escola.

A diretora respondeu firmemente, sem se intimidar:

– É por isso mesmo que é importante que ele aprenda a ser responsável pelo que faz. Ele não pode simplesmente ir fazendo sujeira para os outros catarem. Aconselho vocês a nos ajudarem a fazer de seu filho um cidadão digno, não um príncipe mal-educado.

A conversa foi curta, mas muito esclarecedora: os pais foram *educados* naquele dia para *educarem* o filho, a fim de que este se tornasse um *cidadão* e não um ser mimado que supõe fazer com o mundo o que faz em casa.

Para desenvolver a *ética relacional* e a cidadania do aluno, a escola não pode submeter-se aos caprichos dos seus alunos que prejudicam os outros ou o ambiente que freqüentam, pois eles mesmos é que acabam prejudicados.

Se a conseqüência for apenas ressarcir um dano material, e a escola cobrar do pai, ou até mesmo do próprio aluno, o dinheiro provavelmente sairá do bolso dos pais e não do próprio bolso, ainda que se desconte da mesada. Nada seria ensinado a ele. A escola estaria apenas correndo para cobrir prejuízos materiais, como o faria a sociedade.

Mas a escola não pode se furtar a esta oportunidade de também educar. Tal cobrança não estaria sendo educativa nem progressiva. O que aprenderia o aluno se a ele nada custou ter sido vândalo? Ao pedir unicamente o ressarcimento financeiro, os pais, e não ele, estariam pagando. O filho quebra a carteira ou picha a parede – transgride – e quem paga – arca com as conseqüências – são os pais?

É praticamente impossível alguém ser progressivo sem ter responsabilidade sobre os próprios atos e cuidados com o ambiente onde vive. Para ser educativa, a escola deve exigir que o aluno conserte com as mãos o que com suas mãos danificou. Além do pagamento, tanto os pais quanto a escola deveriam fazer com que o aluno consertasse a carteira que quebrou ou pintasse a parede que pichou. Caso ele não seja capaz, que vá providenciar uma pessoa que conserte ou pinte, e remunere o serviço por ela feito.

Para ser educado, o aluno tem que saber do trabalho e do custo para a carteira estar ali ou para a parede estar pintada. Essa é uma das maneiras de se construir um cidadão ético e progressivo.

CAPÍTULO 10

EDUCAÇÃO
A SEIS MÃOS

A construção do futuro
cidadão depende basicamente
do pai, da mãe e da escola.

É tão importante
que haja coerência, constância
e conseqüência em casa, quanto a
conseqüência educativa progressiva na escola.

Um filho não deve
indispor os pais contra a escola nem um
aluno defender-se na escola usando os pais.
Pais e escola podem integrar-se para formar a
educação a seis mãos.

Pais discordantes entre si

Mal completou 2 anos, e a criança já está de uniforme e mochilinha nas costas indo para a escola. Os jardins-de-infância e escolas maternais, que eram chamados genericamente de pré-escola, foram oficializados como Educação Infantil pela modificação mais recente da Lei de Diretrizes e Bases da Educação, ocorrida em 1997.

É o reconhecimento de que as crianças estão indo cada vez mais cedo para a escola e da força que essa instituição assume na educação das novas gerações.

Precisamos continuar refletindo sobre a escola: como deve desempenhar sua função formativa? O fundamental é que a criança seja beneficiada. Para isso, entre a escola e a família deve haver uma soma, e não o atropelamento de uma parte pela outra.

O termo educação a seis mãos refere-se a uma educação homogênea e equilibrada, buscada pelo pai, pela mãe e pela escola. Por que pai e mãe, não simplesmente pais? Porque hoje as diferenças entre os dois, às vezes, são tão grandes que eles não conseguem se compor para uma educação equilibrada dentro de casa ou de suas respectivas casas.

> Na educação doméstica, quando o pai diz "vinho", a mãe diz "água", o filho "diz-anda". Educação a seis mãos é a união da escola, do pai e da mãe para a reeducação desse "desandado".

Separados, então, cada um quer defender a sua posição, muitas vezes, oposta frontalmente à do outro. Os filhos absorvem na convivência tais intransigências e querem ter seus desejos satisfeitos a todo custo. Aprendem a não suportar frustrações, a não controlar suas vontades e a manipular os pais em proveito próprio. Os conflitos não resolvidos dos pais prejudicam tremendamente os filhos e acabam estourando nas escolas, nos consultórios de psicólogos ou nos fóruns de família. Para onde a criança vá, leva a sua educação – ou a falta dela.

Para deixar o quadro ainda mais complexo, existem hoje várias constituições familiares distintas, numa composição que pode contar com filhos, meios-filhos, filhos postiços, pai, nova mulher do pai, mãe, novo marido da mãe, irmão, meios-irmãos, irmãos postiços. Essas combinações podem ser ainda mais delicadas quando entram avós paternos, avós maternos, tios, cunhados etc.

> A constelação familiar hoje conta com filhos, meio-filhos e filhos postiços resultantes de diferentes casamentos tanto do pai quanto da mãe. A educação ficou ainda mais complexa.

Não é incomum o pai separado recusar-se a dar pensão aos filhos do casamento anterior, embora sustente os filhos da atual companheira com generosidade. Ele se divorciou e "despaisou". Qual é a ética do pai que paga a pensão do filho que ficou com a ex-mulher somente quando "ameaçado de ir preso" pelo juiz? O que o filho está sentindo e aprendendo? Um pai, quando paga a pensão do filho que ficou com a ex-mulher somente se "ameaçado de prisão", pensaria no tipo de ética que está passando ao filho? Quando o aluno "desanda" na escola, esta pode ser a oportunidade que o filho dá aos seus pais de saber o que ele "apronta". A escola não deveria se calar, mas, sim, tomar a iniciativa de convocar os pais para que corrigissem o filho antes de tornar-se um delinqüente.

Integração entre pais e escola

Detectadas as dificuldades relacionais do aluno, a escola

poderia convocar os pais para uma reunião a seis mãos, na qual serão estabelecidos os padrões que nortearão a educação daquela criança. É muito importante que haja coerência – no uso da linguagem e ações educativas – entre o que os pais e a escola fazem na educação de crianças e adolescentes, principalmente nas questões que podem prejudicar a construção do *cidadão ético, feliz e competente* que vai assumir o Brasil que estamos lhe deixando. Se os pais dizem e fazem "A" para seus filhos e a escola diz "B" para seus alunos, essas diferenças podem enriquecer quem quer aprender – a pessoa progressiva –, mas podem permitir o surgimento da delinqüência para quem quer destruir – a pessoa retrógrada. Devemos lembrar sempre que pais e escola deveriam ser parceiros. Cada um com seus princípios educativos. Pais, com *coerência, constância e conseqüência,* e escola com a *conseqüência educativa progressiva* são princípios muito próximos em sua essência, mas complementares na construção da cidadania.

Uma das técnicas utilizadas pelo retrógrado é colocar uns contra os outros para proveito próprio (que é o nada fazer e não ter que honrar os próprios compromissos). Os pais e a escola, se não se cuidarem mutuamente, acabam brigando uns com os outros. Para o progressivo, essa briga é prejudicial. O retrógrado se beneficia da discórdia que ele cria entre as pessoas à sua volta.

[A impunidade favorece a delinqüência. Alunos mal-educados podem ter pais educados, mas que não souberam educar.]

Muitos desses pais quiseram acertar, mas se perderam no caminho da educação e receberiam de bom grado uma ajuda que viesse da escola. Por isso, têm de ouvi-la, estarem atentos ao diálogo. O reconhecimento de falhas e a busca de soluções para elas fazem parte da saúde psíquica. Somente pais problemáticos e/ou retrógrados se recusam a aceitar auxílio externo e costumam responsabilizar a escola pelos erros na educação de seus filhos.

Os pais, de tanto amar e querer agradar e poupar os filhos, não desenvolveram neles *limites, disciplina e responsabilidade*. São estes erros (de amor) dos pais que acabam aleijando seus filhos. Por isso, muitas vezes exageram na falta ou no excesso tanto da liberdade quanto da responsabilidade.

Alguns podem até suportar a má educação dos filhos, mas, quando eles vão para a escola, tais problemas se evidenciam, tornando-se mais fácil sua detecção e difícil deixar de tomar algumas atitudes.

> A convivência familiar anestesia a percepção das pequenas modificações no cotidiano. Os problemas não aparecem de repente: vão piorando aos poucos até serem percebidos.

"Meu pai tem revólver!"

Uma história bem ilustrativa:

Faltava pouco para terminar a aula. a professora de uma classe de alunos de 5 anos pediu, como sempre, que cada um pegasse sua almofadinha para se sentar e fazer um relaxamento antes de terminar o período. Após esse exercício, as crianças saíam mais tranqüilas da aula. Cada uma pegou a sua almofadinha, e a professora pediu:

— Vamos todos sentar?

Um menininho, 5 anos de idade, reagiu, dizendo:

— Não vou sentar!

— Por quê? – perguntou a professora.

– *Porque eu não quero!*

Sem encontrar nenhum motivo que justificasse esse comportamento, a professora tentou convencê-lo a sentar-se. Quanto mais insistia, mais ele teimava em ficar de pé. Estavam em meio a uma luta de forças quando foram salvos pelo gongo: o sinal tocou.

O incidente frustrou bastante a professora, que ficou bastante preocupada com o que aconteceria no dia seguinte. Foi quando eu a orientei, dizendo-lhe para explorar a situação, para pesquisar até onde iria a resistência gratuita da criança para, depois, partir para a solução.

No dia seguinte, da mesma maneira, na mesma situação, quando a professora pediu para todos se sentarem nas suas almofadinhas para relaxarem, novamente o mesmo menino a enfrentou:

– Não vou sentar!

Diante da insistência da professora para que sentasse, o menino argumentou:

– Vou contar tudo para o meu pai!

O menino usava o pai para manter o seu enfrentamento gratuito. Como a professora continuasse a insistir, o menino lhe respondeu:

– E o meu pai tem revólver!

Um menino de 5 anos já estava usando como argumento uma arma do pai! Ou seja, a professora não devia explorar mais esse enfrentamento, pois é como se o menino tivesse apontado um revólver para ela. Para resolver essa situação, ela prosseguiu:

– *Quem quiser ficar em pé, que fique! Quem vai fazer relaxamento vem para este lado com sua almofadinha, e (mostrando uma grande barra de chocolate) pode comer este gostoso chocolate!*

Imediatamente o menino disse:

— *Mudei de idéia, agora vou relaxar!* *E foi sentar-se ao lado das outras crianças, e todos comeram cada um o seu pedacinho do chocolate repartido pela professora.*

Essa solução, porém, foi momentânea, o grande problema continuava. Estava na hora da convocação dos pais para a *Educação a seis mãos*: será que os pais sabiam que este menino já usava o nome do pai para resolver seus problemas? Sabiam eles que o menino, por um motivo tão corriqueiro, puxaria a arma? Ou sabiam eles que o menino sabia que o pai tinha um revólver? Antes de usar fisicamente a arma, uma pessoa a usa mentalmente. Este episódio mostra uma ação mental muito perigosa que pode levar à delinqüência ou ao crime, caso sua prevenção não seja trabalhada desde já. A escola não pode fazer nada com uma arma em casa, mas ela tem a obrigação de levar ao conhecimento dos pais o procedimento do menino. Nenhum educador pode cumprir a sua missão de formar um cidadão como este, que lhe aponta um revólver.

[
Um cidadão ético, competente e progressivo não usa revólver para resolver suas pendências diárias.
]

Freqüência dos pais na escola

Uma das maiores queixas das escolas é que os pais pouco freqüentam as reuniões e palestras a eles dirigidas. O comentário bastante comum entre os organizadores é que os pais que mais precisavam vir – porque seus filhos são verdadeiros delinqüentes – não vêm.

Há pais, entretanto, que se mobilizam até para participar da discussão dos rumos da escola. Dispostos a questionar alternativas, procurar soluções melhores, pensar e construir juntos são os que mais respeitam os professores. *Querem participar da pescaria para poder saborear o peixe.* Os que não aparecem, preferem receber o peixe pronto. Por acanhamento ou por preguiça, recusam convites para ações conjuntas. Estes precisam "comer" conselhos prontos, orientações – serem preparados para pescar. Muitos desses pais, porém, nem se incomodam com a escola. O que os mobiliza é o interesse pelo filho. São ingênuos se não reconhecem a importância da escola para a criança; ou ignorantes, no sentido truculento, se sabem dessa importância mas só se movem quando o filho está em apuros.

Em maio de 1998, depois de esperarem, sem sucesso, dois meses de greve de professores, alguns pais começaram a dar aulas voluntárias, numa escola pública do Rio de Janeiro. Mesmo que o conteúdo não valesse para o currículo escolar, valia muito para os filhos e outros interessados em não perder o conteúdo das matérias por tanto tempo. Esta história é um grande ensinamento a todos nós, pais, professores e dirigentes.

> A escola precisa alertar os pais sobre a importância de sua participação: o interesse em acompanhar os estudos dos filhos é um dos principais estímulos para que eles – alunos – estudem.

É tão importante a participação dos pais nas reuniões escolares que todos os meios para convocá-los são válidos: recados na agenda, correspondência, telefonemas, e-mails ou mesmo o sistema "boca a boca". Cada escola pode utilizar o meio que julgar mais eficiente.

Quando os pais participam das atividades escolares, o desempenho escolar de seus filhos melhora!

Uma outra história:

Num bairro afastado da periferia de uma cidade pequena do interior paulista, a escola não conseguia que os pais dos seus alunos viessem assistir às reuniões dos professores com os pais. Sua diretora resolveu mapear onde moravam os alunos e os professores. Cada professor recebia na sua casa os pais de alguns alunos que moravam por perto, não importava de quais professores fossem os alunos. A diretoria dizia: "Se os pais não vêm à escola, a escola vai até os pais". E os pais iam, com mais facilidade, à casa do(a) professor(a) do que à escola, por vários motivos:

- a casa do(a) professor(a) lhes era psicologicamente próxima, muito parecida com as suas casas;
- conversar com um(a) professor(a) é menos aterrorizante que "serem alvejados por todos os professores";
- a casa carrega a intimidade da vizinhança, enquanto a escola tem certa imponência que amedronta;
- há poucos pais presentes, portanto diminui o risco da exposição pública;
- existe um clima familiar para trocar idéias, preocupações etc.;
- há relativa privacidade, onde expor a não-alfabetização dos pais não os condena publicamente.

Depois de algumas reuniões em casas de professores, os pais não mais resistiram a comparecer à escola onde seus filhos estudavam.

Por outro lado, muitos pais trabalham e não podem comparecer à escola no horário marcado para as reuniões. Eles estão lutando pela sobrevivência, que acaba sendo mais importante que os estudos dos filhos. Nesses casos, ou a escola se propõe a marcar horários adequados para que a maioria dos pais possa vir ou corre o risco de perder o aluno.

Defende a escola quem a ela pertence

Festa junina, dia das mães e dia dos pais são algumas datas de festas promovidas pela escola com participação dos pais, que também prestigiam atividades esportivas ou culturais nas quais os filhos estejam envolvidos ativamente. Participar como *convidado* é bem diferente de ajudar a organizar o evento e trabalhar no dia. Visitas têm pouco compromisso, enquanto os que pertencem à organização se empenham pelo sucesso. Vibram quando o conseguem, amargam quando fracassam.

O que isto significa? Ao participar, os pais sentem-se ligados à escola, passam a ter um envolvimento afetivo com ela. Sofrem quando algo não vai bem, comemoram suas vitórias. Tomam parte não só na educação dos próprios filhos, mas também na dos filhos dos amigos.

> Só quem se sente pertencendo a um time o defende com unhas e dentes. Assim são os pais e filhos que se sentem pertencendo a uma escola: todos formam um time afetivo e eficiente.

Uma das grandes lições que os pais passam aos filhos com suas participações é seu interesse em ligar-se a uma comunidade e ajudá-la. Os pais mostram que também podem exercer seus direitos perante a escola. É um bom exercício para a cidadania.

Um filho que só usufrui a casa e não contribui para sua manutenção sobrecarrega os pais. Pior: não aprende a preservar o que lhe pertence, o próprio quarto. Quem não cuida de seu quarto não vai cuidar também da casa onde mora, e não desenvolve a cidadania familiar.

O que a sociedade pode esperar de uma pessoa que nem sequer tem cuidados com o lugar onde mora? Está sendo criado um cidadão só com direitos, sem nenhuma obrigação.

Uma família que só exige da escola, sem contribuir com ela, está educacionalmente aleijada, pois não desenvolve a cidadania escolar. E não me refiro ao pagamento da mensalidade escolar. Falo de relacionamento, de saúde psicológica. Não é apenas a fria moeda que paga um serviço prestado e desenvolve a cidadania.

O pagamento de um trabalho é o devido.

O reconhecimento pelo trabalho é ético,

não importa quem seja o trabalhador.

A participação dos pais na escola pode render outro fruto. Nada como pais e filhos realizando uma tarefa juntos para aprenderem a se compor numa espécie de *concretização do afetivo*. Uma vez sócios numa tarefa mensurável, eles podem perceber a composição relacional puramente afetiva, normalmente mais difícil de avaliar.

A sociedade é formada por pessoas que se relacionam entre si. Relacionamentos mais íntimos desenvolvem vínculos afetivos, de atração ou de repulsão. Podemos ter idéias diferentes, cargos e ganhos diferenciados, *status* e cultura desiguais, torcer para times rivais, defender posições políticas antagônicas, *mas somos todos seres humanos*.

Turma dos pais da turma de amigos

Se o filho tem amigos na escola, com quem sai para festas e viagens, é importante que os pais dos integrantes da turma se conheçam, o que evita a manipulação por parte dos jovens. Quando os jovens manipulam os pais nunca é para o bem, e sim para *aprontar alguma*. Quando é para o bem, eles não precisam de subterfúgios, declaram logo suas intenções. É como o boletim: se está bom, mostram-no espontaneamente. Se o pai tem de pedi-lo, é mau sinal... Muitas vezes, os filhos fazem pedidos que os pais, no bate-pronto, negam. Mas, se argumentam que os pais dos amigos deixaram, tudo muda de figura. Acuados e temendo ser "quadrados" ou diferentes dos outros, os pais acabam permitindo. Todos os jovens pressionam os pais do mesmo jeito. Mesmo que nenhum deles tenha deixado, mentem dizendo que "um" deixou. Até que um dos pais realmente cede, acreditando na mentira. E passa a ser citado como exemplo para os demais. Caso os pais fossem conhecidos entre si, esse mecanismo seria desmontado facilmente, não é?

[
Se os pais dos jovens que formam uma turma não se conhecerem nem se comunicarem entre si, estarão nas mãos da turma, que vai manipulá-los facilmente.
]

O que complica tudo é a embriaguez relacional. Em busca de sua própria personalidade, o jovem pode fanatizar alguns comportamentos e fazer deles a sua personalidade. Soma-se a esse fanatismo o fato de querer andar com a turma, cujos valores podem ser muito diferentes dos pregados pela família. Ali, é como se não houvesse censura a seus impulsos.

EDUCAÇÃO A SEIS MÃOS

> A escola tem mais possibilidade de detectar a embriaguez relacional. E quando ela conduz à delinqüência, ao vandalismo, ao uso de drogas, é seu dever convocar os pais, que são os verdadeiros responsáveis pelos adolescentes.

Os pais também devem ser amigos – porque os jovens podem escolher a casa de um deles para ser o lugar de uso de drogas pelo grupo. Ou, numa grave eventualidade de descobrir drogas no quarto do filho, se os pais tiveram algum relacionamento entre si, a justificativa "são drogas do meu amigo" pode ser comprovada ou demolida sem demora.

É interessante salientar que os jovens vivem um período de *onipotência* que pode estar somada à onipotência causada pelo uso de tóxicos, o que os leva a considerar-se invulneráveis tanto às drogas quanto aos próprios pais.

> Se a escola abre suas portas para o usufruto dos pais de seus alunos, está favorecendo a formação do espírito comunitário, precursor da cidadania.

Outro benefício da convivência entre os pais é o rodízio para levar e buscar os filhos nas festas e casas de amigos, possibilitando saber onde e com quem o filho está. Não no sentido de vigilância, mas de cooperativa convivência humana.

As escolas bem que poderiam estimular essa convivência oferecendo seus espaços. Quadras esportivas, por exemplo. Os pais tendem a se conhecer melhor ao praticar esportes, acabando com a idéia de "más companhias para meu filho" ou até confirmando-a. Curioso é que o desconhecido se torna mais perigoso que o malandro já conhecido...

E as salas de aula eventualmente poderiam ser usadas para reuniões de pais. Em nossa sociedade, há o péssimo costume de cada pai tentar superar o problema com seu filho à sua maneira. Assim, *solitárias*, as famílias enfrentam seus desafios. A troca de experiências sobre educação com outros pais traria opções de solução para o próprio problema.

CAPÍTULO 11

ALUNOS E PROFESSORES: OS TIPOS MAIS COMUNS

Quem atua no magistério
há alguns anos certamente
já cruzou com alguns tipos
básicos de aluno. Mas existem,
também, certos tipos de professor:
com qual deles você se identifica?

A finalidade não
é julgá-los, mas
dar-lhes consciência
para que possam se modificar.

Qualquer aluno que deseja aprender de verdade aprende com professores, sem professores ou apesar dos professores. O aluno que quer aprender é grato ao professor que lhe ensina, absorve com facilidade o que ouve e digere com mais facilidade ainda as informações, transformando-as em conhecimento praticamente sem exercícios.

O aluno que não tem professor, mas quer aprender, pode gastar muito tempo procurando o que quer aprender até "chegar lá". Ele pode estudar bastante um tema, para chegar ao fim dele e, depois, perceber que o tempo seria o mesmo (e renderia muito mais) se tivesse estudado outro tema mais específico.

A escolha de um livro inadequado pode tirar o foco pretendido e, assim, desestimular o aprendizado. O aluno pode não compreender o que está escrito, mas se um professor lhe explicasse um pouquinho mais, talvez, esse aluno, num instante, teria o clique do aprendizado. O ouvir pode ser independente, mas o aprender depende muito da vontade do aluno. Se um professor não conseguir despertar a vontade de aprender no aluno, sua aula será praticamente inútil.

Existem professores incompetentes que desestimulam qualquer aluno a aprender. Mas, mesmo assim, existem alunos que querem tanto aprender que acabam aproveitando, de algum modo, o que tais professores falam...

Ao escrever este capítulo, quis conscientizar os professores do quanto sua maneira de dar aula pode interferir no conteúdo dela. Como o relacionamento professor-aluno depende basicamente dos dois, a melhor aula é quando o aluno quer aprender e o professor quer e sabe ensinar. No extremo oposto, a pior aula é quando o aluno não quer aprender e o professor incompetente não quer ensinar.

ALUNOS E PROFESSORES: OS TIPOS MAIS COMUNS

Vinte e um tipos de alunos

1 Esponja: é o aluno que absorve tudo. Anota em detalhes o que o professor fala e estuda sem fazer distinção. "Come" o que lhe põem à frente, o que não significa que aprendeu tudo. Acaba sabendo de tudo um pouco, mas não adquire um foco.

2 Peneira: utiliza uma peneira (filtro) para selecionar a parte que irá aproveitar da matéria. Ouve tudo, mas anota só o que lhe interessa. Quer saber apenas o que cai na prova. Ignora os temas que não lhe interessam como se não existissem.

3 Funil: parecido com o esponja, represa tudo o que professor diz para rever, em casa, com mais calma, escolhendo o material a ser selecionado para estudar. É como se precisasse deixar para decidir depois, com mais tempo. Carrega muito para usar pouco.

4 Salteado: aposta na sorte. Mas não é o "sorteado". Como não sabe o que vai cair na prova, arrisca e estuda qualquer coisa, um capítulo, um trecho ou um tema escolhido ao acaso, na página que abrir primeiro. Seja o que Deus quiser! Chovendo ou não, carrega consigo um guarda-chuva porque é o que tem.

5 Sorteado: este aluno tem fé, acredita que vai cair tal ponto e estuda somente ele. É como quem joga em determinado bicho porque sonhou com ele. Tem sempre um palpite. Quanto mais conhecer o professor ou a matéria, mais chances terá de ser "sorteado". Tem sempre um palpite antes e/ou depois do sorteio. Diz que sabia qual era o ponto que seria sorteado.

6 Última-horista: um tipo tradicional que só estuda na véspera da prova e faz trabalho escolar na fila de entrega. A maioria da sociedade brasileira é "última-horista", procrastinadora. Alguns trabalham só no dia que antecede o pagamento.

7 Ausente de corpo presente: é o estudante que aproveita a aula para organizar a agenda, fazer tarefas de outras disciplinas, desenhar, entreter-se com joguinhos eletrônicos, mexer no celular, conversar virtualmente com outros via e-mail, MSN etc. Prestar atenção na aula, nunca, ainda que olhe eventualmente para o professor. Está no lugar fazendo hora, marcando presença, porque a sua cabeça já está no final de semana desde quinta-feira ou ainda não chegou à escola na segunda-feira.

8 Sintonia fina: altamente desmotivado e desconcentrado, tem o radar ligado em sintonia fina para rastrear e captar qualquer outro tema que não seja aula. Assim qualquer barulho, conversa ou movimento chamam mais atenção que a própria aula.

9 Autodidata para fazer prova: não presta atenção na aula, falta muito, não se mata de estudar e nem se esforça para realizar os trabalhos escolares no prazo estipulado pelo professor. Na véspera da prova, pega o livro e se prepara sozinho. É o aluno autodidata, capaz de aprender por conta própria, apesar do professor. Mas é mau organizador de tempo, gasta-o com coisas de que não precisa e depois sacrifica tudo para poder estudar.

10 Chupim: é como o passarinho preto que bota seus ovos para o tico-tico chocar e criar. Não presta atenção às aulas, não anota nada e nem livros tem. Na hora da prova cola de quem sabe. Sem interesse em aprender, entra nos grupos de trabalho escolar só para assinar o nome. O chupim se aproveita de todos, nada dando em retribuição. Em geral, todo aluno progressivo tem um chupim em seus ombros, como um papagaio de pirata.

ALUNOS E PROFESSORES: OS TIPOS MAIS COMUNS

11 Formiga: é o aluno que estuda todos os dias, tendo ou não provas – trabalha faça chuva ou faça sol. Sabe a matéria e não sofre nas suas férias. Toda formiga tem uma ou muitas cigarras que a prezam.

12 Cigarra: é o aluno que usa sua simpatia e alegria para conseguir das formigas tudo de que precisa. Acredita que, com seu jeitinho, vai conseguir tudo, idéia que não está completamente errada. Com a sua arte – canto, alegria, simpatia – julga-se no direito de receber o que deseja de mão beijada.

13 Girafa: é o aluno que fala pouco, aparentemente sempre "na boa", não faz mal a ninguém, ouve o canto da cigarra, espia o trabalho da formiga. Não precisa ameaçar, agredir nem competir com os outros, mas se defende razoavelmente bem, quando atacado.

14 Gorila: é o aluno enfezado e mal-humorado quase que por natureza. Fica irritado e enfadado com tudo e reage agressivamente contra todos. Geralmente sozinho, seu espaço vital é grande porque não tolera ninguém por perto, muito menos o professor. Temido pelos colegas, consegue o que quer usando a força física, muitas vezes aperfeiçoada com artes marciais, para eliminar rapidamente quem o incomoda.

15 Príncipe: é o aluno cujo reinado já começa na escola, mesmo que o rei ainda esteja na barriga. Acha que merece o melhor lugar, a melhor nota, o melhor elogio... Basta existir, que todos devem reverenciá-lo. Para que ele precisa ser competente se são os outros que devem servi-lo?

ENSINAR APRENDENDO

16 Tanto faz: é o aluno que se faz de indiferente a tudo o que lhe acontece ou que esteja acontecendo com seus colegas. Ser aprovado ou reprovado não faz diferença. Nada o atinge, nada o motiva. Para este tipo, parece que o professor não existe.

17 Perdulário: é o aluno, geralmente muito rico materialmente, porém pobre de espírito, pois acha que pode comprar todo mundo, arrotando muito peru, mesmo que tenha comido mortadela. Valoriza os colegas pelo que eles têm e não tem o mínimo respeito com quem é pobre, mesmo que seja o professor.

18 Sadim (palavra usada pelo empresário e escritor Ricardo Bellino, é um anagrama de Midas – o que toca vira ouro): movido a inveja destrutiva, este aluno combate sempre aquele que tira melhores notas ou ganha um jogo, isso porque, no fundo, ele julga que quem merece o prêmio é ele. Solta boatos destrutivos em benefício próprio. É preciso que se identifique o Sadim para não ser atingido por ele.

19 Mimado: é o aluno motivado pelo mimo. Para ser agradado, faz o impossível, o inadequado ou até mesmo o que não gostaria de fazer. O seu ego se alimenta de elogios, destaques positivos, pontinhos a mais nas notas, medalhinhas etc.

20 Vítima: é o aluno que se sente sempre perseguido, todos querem prejudicá-lo, ninguém nota quando ele faz algo de bom, mas todos caem matando se ele comete um errinho qualquer.

21 Adulador: é o aluno puxa-saco, odiado pelos colegas, porque para agradar o professor, faz de tudo, até o que os seus colegas não fariam de jeito nenhum. Bem diferente do agrado natural entre seres humanos civilizados.

> Dificilmente um aluno se enquadra em apenas um dos tipos. São vários funcionando simultaneamente que, conforme o interesse do aluno pela matéria ou pelo professor, podem ser bastante evidentes ou disfarçados.

Dez tipos de professores

Mais do que fazer caricaturas, meu objetivo é apresentar algumas informações que estimulem o professor a refletir sobre sua atuação em classe para que melhore seu desempenho.

Se um professor está disposto a tornar suas aulas mais interessantes, mas nem sabe por onde começar, o que será que está faltando? É bom ter consciência do funcionamento da aula. Sabendo de onde ela parte, como está funcionando agora e adquirindo mais informações sobre outros tipos de aula, o professor pode chegar a um autoconhecimento mais eficaz e realizar a grande mudança para o estilo que gostaria de adotar.

De acordo com a *Teoria Integração Relacional*, o primeiro requisito para que um professor consiga bons resultados para a mudança pretendida é conhecer bem a si. Teria o professor tentado avaliar-se segundo o olhar de seus alunos?

1 Um aluno faz a média: trinta e nove alunos tiraram nota baixa na sua prova, mas o professor não se abala porque teve um que tirou nota 8. Isso significa que, se um aluno teve nota boa, o problema é dos demais, pois todos tiveram a mesma chance. Se sua aula fosse ruim, ninguém tiraria 8. Os trinta e nove foram mal porque não prestaram atenção. "Eu estou cumprindo minha função de ensinar, tanto que um aluno prestou atenção e se saiu bem."

Esse tipo de professor tem uma grande vaidade pessoal: avalia seu desempenho em classe em função do melhor aluno e não da média dos estudantes. Se um dos presentes está interessado, valeu! A aula é interessante. *Pretensões do professor*: que todos se guiem pelo aluno que tirou a nota mais alta, pretendendo nivelar todos pelo maior rendimento.

Resultados: desestimula os alunos médios, aniquila os fracos e a maioria desiste de estudar, a não ser para as provas, porque não se sente reconhecida nos seus esforços pessoais. *Qualidades*: poucas. Falta olhar para o próprio desempenho como professor. Quem tirou 8 pode ter estudado em outras fontes e não na sua aula.

Defeitos: não leva em consideração as múltiplas inteligências de Gardner, provoca repetência desnecessária e migração escolar.

Estratégia dos alunos: é difícil enganar esse tipo de professor, mas os estudantes podem se desinteressar cada vez mais da matéria e dispor de uma justificativa comovente: a classe toda foi mal. Os pais tornam-se mais tolerantes, porque, afinal, seu filho está na média. Nas provas, muitos alunos vão querer sentar perto daquele que tirou a nota mais alta da classe.

2 Superexigente: é aquele que enquanto não tiver silêncio absoluto, não inicia aula. Enquanto passa a matéria, o silêncio é tanto que dá para ouvir uma mosca voando. Ameaçador, ele apavora seus alunos. Amarra seus corpos na carteira enquanto amordaça seus cérebros. Transforma adolescentes em seres inanimados perante a autoridade em classe. E, desse modo, nega a condição máxima da interação: todo relacionamento humano é interativo, inclusive o de professor e aluno. É natural que os estudantes se manifestem ocasionalmente, ainda mais se forem adolescentes.

Pretensões do professor: exigir o máximo dos alunos, também quanto ao comportamento, para que assim rendam mais.

Resultados: se a qualidade da aula for boa, alguns alunos procuram corresponder positivamente. Esta concentração obriga o aluno a ficar quieto, e a primeira conversinha é logo descartada. Outros acabam desenvolvendo um medo do professor – que procura resolver tudo nas provas escritas para não precisar de uma avaliação individual ou oral.

Qualidades: o silêncio é ótimo quando resulta do interesse espontâneo do aluno em ouvir o professor. Ajuda quem quer prestar atenção.

Defeitos: como a aula não tem participação direta dos alunos, muitos podem se desligar porque não conseguem manter a concentração por tanto tempo. "A minha aula é ótima, o que atrapalha são os alunos."

Estratégia dos alunos: embora seus olhos estejam fixos no professor, o pensamento viaja para longe dali. O professor pode prender o corpo do aluno, jamais seus pensamentos.

3 Estuprador mental: sua fala é como um rolo compressor que vai passando por cima de todos os alunos, independentemente de como se encontrem naquele momento. Ele entra e sai da classe falando ou escrevendo, freneticamente, o tema da matéria. Não dá espaço sequer para o aluno reagir. Os estudantes podem até conversar, mas ele continua falando. Não faz questão do silêncio absoluto. Na verdade, esse tipo não liga para a classe. Egoísta, dá aula para si mesmo, para demonstrar seus conhecimentos. E sai satisfeito, com a sensação de que a aula foi muito boa. Cumpriu seu dever. Pouco se importa com o outro.

Pretensões do professor: "Alunos atrapalham as aulas. Se eles ficassem todos quietinhos a me ouvir, eu seria diferente, mas como não ficam, um dos jeitos é ir falando para que eles parem de falar. Vou fazendo a minha parte, eles que se virem."

Resultados: mal preparados, os alunos geralmente não acompanham a matéria, apenas copiam mecanicamente o que o professor escreveu na lousa. Tal professor não tem boa aceitação dos alunos.

Qualidades: esse professor expõe sua matéria conforme a preparou e não se deixa influenciar por atrasos, incidentes ou outros movimentos.

Defeitos: o rendimento é prejudicado.

Estratégia dos alunos: podem aproveitar a aula para estudar outras matérias, fazer trabalhos etc. Às vezes, nem olham para o professor. E, quando chega a hora da prova, recorrem à "decoreba", às colas, aos estudos de última hora ou aos professores particulares.

4 Carrasco: sempre exige mais do que ensinou. Nas mãos dele, a avaliação vira um chicote. Pergunta o rodapé das enciclopédias, a errata dos jornais. Se durante o bimestre deu exercícios de dificuldade progressiva de 1 a 10, na prova ele pede 15. Elabora as questões com tamanha dificuldade que é impossível resolvê-las.

Pretensões do professor: bastante parecidas com as do tipo superexigente, mas com a diferença que este tem vontade de "explorar" o aluno. Muito próximo ao sadismo, parece até que se satisfaz um pouco com os sofrimentos dos alunos, com a sensação de vingança cumprida. Onipotente.

Resultados: apesar de aparentemente estar dentro da lei, nenhum aluno vai chegar a ter o conhecimento que ele exige da sua matéria.

Qualidades: o professor-carrasco exige o máximo do aluno, que, se tentar corresponder, poderá progredir muito, estimulado pelo desafio da superação.

Defeitos: corre o risco de criar nos estudantes aversão à matéria.

Estratégia dos alunos: como a maioria não tem meios de aceitar o desafio, dá um jeito de burlar as normas. "Xeroca" o caderno do melhor aluno na véspera da prova ou simplesmente cola.

5 Tanto faz: nada o atinge. Se o aluno aprendeu, ótimo! Se não aprendeu, ótimo do mesmo jeito, pois a obrigação de aprender é do aluno. Chegar à sala de aula antes ou depois do professor pouco importa. Diz que não quer mal a ninguém. Para ele, qualquer resultado está bom. Meio anárquico e desorganizado, este professor está ali, à frente da classe, quase como uma formalidade. Não é de exigir muito em prova. Se o aluno se queixa, ele vê se dá para mexer em alguma coisa. Se não reclama, continua tudo como está. Esse tipo apresenta uma espécie de indiferença, uma das piores posturas para qualquer emprego, principalmente para o educador. O pior de tudo é que os alunos não se sentem importantes para o professor, e o estudante precisa sentir que é valorizado para se envolver no processo do aprendizado.

Pretensões do professor: não ser incomodado por ninguém, a não ser que possa ser prejudicado.

Resultados: não consegue o entusiasmo dos alunos, pois ele lida da mesma maneira com notas baixas e altas.

Qualidades: caso tenha alguma, com certeza é muito menor que os defeitos.

Defeitos: raramente o aluno consegue aprender alguma coisa com um professor assim. A tendência é que passe a se acomodar com o mínimo. Para ele, essa aula tanto faz.

Estratégia dos alunos: o professor entra na classe, e os estudantes nem percebem a presença dele. Continuam o que estavam fazendo.

6 Crânio: é um profundo conhecedor de sua disciplina, mas um péssimo comunicador. Sabe tudo sobre a matéria, mas não consegue explicar nada. Por timidez, desorganização na forma de se expressar ou falta de capacitação para o papel de professor, ele não consegue transmitir seus conhecimentos – que são vastíssimos. Algo dificulta, paralisa ou tumultua a comunicação de seu saber. A grande maioria não aprendeu a representação cênica do papel de professor nem a se apresentar diante de uma "platéia" de estudantes. Precisa muito do "avental" do professor.

Pretensões do professor: conseguir passar o que sabe aos alunos.

Resultados: os alunos sentem que o professor não tem autoridade educativa, portanto, tumultuam a aula.

Qualidades: são poucas, uma vez que ocorre desperdício de talento. As vantagens podem aparecer em tempos de vestibular: quando os alunos se põem a resolver exercícios que caíram em várias provas e encontram dificuldades nas questões, eles, em geral, procuram esse tipo de professor, e o resultado costuma ser produtivo. É que nessa ocasião o aluno está pronto para ouvir.

Defeitos: rigoroso na avaliação, esse professor exige muito além do que conseguiu ensinar, não por espírito vingativo ou sadismo, mas por achar que o aluno deve saber. O grande perigo é desmotivar o estudante para o aprendizado.

Estratégia dos alunos: como aprendem pouco, tendem a tumultuar a aula e a utilizar recursos variados (inclusive a cola) para passar de ano.

7 Vítima: sofre com a classe, que descobre um prazer sádico em "torturá-lo". Vale tudo para tumultuar a aula. Enquanto implora silêncio, "pelo amor de Deus", um aluno está atrás dele, imitando seus gestos, dando-lhe uns cascudos, fazendo gozações. Será lembrado pelo resto da vida como um professor "zoado pela classe". Dificilmente alguém se esquece de um professor-vítima.

Como ele não consegue se impor, muito menos assumir a função de coordenador da classe, os alunos fazem o que querem mesmo! Tudo funciona de acordo com a boa vontade dos estudantes em cooperar ou não. Ele vive pedindo clemência aos alunos – "Não façam isso comigo" – e, às vezes, chega até a chorar.

Pretensões do professor: um dia dominar os alunos e dar aquela aula inesquecível para todos eles.

Resultados: consegue mobilizar alguns alunos em sua defesa. Sua competência profissional quase nem aparece, tamanha é a dificuldade de se relacionar com os alunos mais querelantes.

Qualidades: poucas... Os alunos escolhem sua aula para bagunçar e, no final, aprendem muito pouco. Os alunos não respeitam quem não sabe se defender.

Defeitos: ele não consegue dar a matéria. Quando chega ao final da aula, desgastado de tanto sofrer com a classe, diz a célebre frase: "Vou considerar esta matéria dada". Nem assim os alunos se preocupam.

Estratégia dos alunos: descobrem as maneiras mais variadas de tumultuar a aula, dando preferência a brincadeiras focalizadas na figura do professor. Na hora da prova, recorrem à cola ostensiva do livro ou trocam as provas com os colegas. Esse tipo de professor é uma alegria para os alunos. Ele precisa vestir urgentemente o avental comportamental para proteger sua pessoa, tão vulnerável, que é atingida na pele por qualquer ação de seus alunos.

8 Sedutor/seduzido: atraído por conversa, beleza, *status*, poder ou outra característica de um aluno, o professor torna-se extremamente parcial em seu comportamento: tende a facilitar, favorecer ou privilegiar este ou aquele aluno, fazendo uma distinção nítida entre ele e os demais. A aula passa a ser dada para ele. A classe, que logo percebe o jogo, pode sentir-se injustiçada e rejeitada. O "preferido", por sua vez, nem sempre se acha confortável nessa posição. Ao contrário, pode sentir-se prejudicado, mal-interpretado e explorado numa vantagem que não tem nada a ver com os critérios da aula. Sendo rico, por exemplo, e bajulado por todos, até mesmo pelo professor, não ganha uma identidade pessoal, mas se sobressai devido ao poder da família.

Se a origem da admiração for beleza, força física ou qualquer outro atributo pessoal, sua identidade é reconhecida, mas há risco de muitas complicações. Não é incomum professores se casarem com alunos, mas disso pode resultar uma tremenda confusão de papéis, prejudicando todos. Numa classe, todos devem ter direitos iguais, inclusive para aprenderem a ser cidadãos. Quando demonstra nitidamente a preferência por um aluno em detrimento dos outros, em geral, o professor é ridicularizado. Nunca vi alguém ser bem considerado por cair na sedução, principalmente se for a sexual. Geralmente acaba sendo tachado de bobo e ridículo. Perde a autoridade perante a classe e tem de apelar para o autoritarismo para conseguir dominar a turma. Há casos, em certas escolas, que em dias de prova com um professor sedutor/seduzido, as moças usam decotes bastante ousados e fazem poses provocantes somente para distraí-lo.

Pretensões do professor: pode ser desde querer alimentar o próprio ego, geralmente frágil, até estar de fato apaixonado pelo aluno.

Resultados: prejudica os estudos do aluno e, freqüentemente, a profissão de professor. Pode este ser processado pelos pais do menor por abuso. Um professor que perde o respeito dos alunos não consegue ter autoridade educativa para dar aulas.

Qualidades: pode usar a sedução pelo lado bom, caprichando mais para dar a aula, fazendo com que a classe se sinta beneficiada, já que ele demonstra ser mais tolerante com ela.

Defeitos: quase sempre esse comportamento é antipedagógico. O aluno pode extrair vantagens dessa relação e manipular o professor.

Estratégia dos alunos: quando querem obter algum benefício, apelam para o "preferido", que vira porta-voz da classe e, em geral, tem seu pedido atendido. Assim a classe aprende a manipular o professor. Investe no que o atrai em proveito próprio.

9 Crédulo: excessivamente compreensivo e democrático, ele debate qualquer assunto e acredita em tudo o que o aluno diz, independentemente de ser verdade ou não. Se o estudante alega que não entregou o trabalho porque o pai ficou doente, tudo bem, ele lhe dá outra oportunidade. Não importa que a doença do pai tenha ocorrido "cinco anos atrás" e hoje ele esteja muito bem. Se os alunos alegam e argumentam que tal professor já permitiu a classe fazer o que estão pedindo agora, então ele deixará mais uma vez.

Pretensões do professor: acreditar em quem quer que seja, porque ninguém iria mentir para ele. Ainda questiona quem lhe adverte: "para que o aluno iria mentir para mim?"

Resultados: de bonzinho, este professor passa a ser "bobonzinho". Professores assim não conseguem o respeito necessário para dar aulas, mas são queridos pelos alunos.

Qualidades: o aluno se faz ouvir. Por ser querido pelos alunos, este professor pode mobilizar a cooperação da classe e produzir bons resultados. *Defeitos:* é fácil ser enganado e manipulado. Se alguns respeitam essa posição, a maioria abusa.

Estratégia dos alunos: os mais espertos podem abusar da boa vontade deste professor, e mentem descaradamente para obter vantagens, principalmente em notas, em prorrogação do prazo de entrega dos trabalhos etc.

10 Superatual: usa e abusa de novidades, como recursos de informática, internet, informações de jornais e revistas, temas abordados em novelas, seriados de sucesso, resultados de jogos esportivos, tudo. Desperta o maior interesse na classe porque incorpora às aulas as últimas notícias, invenções e avanços.

Pretensões do professor: conservar a mesma linguagem dos alunos, principalmente a dos adolescentes, trazendo a vida deles para dentro da sala de aula.

Resultados: geralmente são muito bons. Os alunos participam ativamente e aprendem a comunicar o que pensam. Um bom exercício para a vida.

Qualidades: a maior é solicitar a participação dos alunos, que devem levar novidades também. Afinal, ele está sempre pronto a aprender. É capaz de dar uma aula dinâmica e interessante. Esse tipo de professor costuma fazer sucesso entre os alunos.

Defeitos: quando exagera na novidade, tirando o foco da aula sem relacionar o assunto à matéria. É preciso critério para selecionar novidades.

Estratégia dos alunos: levar cada vez mais novidades para desfocar a aula, porque para os alunos, a escola é boa, o que atrapalha são as aulas...

ALUNOS E PROFESSORES: OS TIPOS MAIS COMUNS

Esses são alguns dos tipos de professor. Entretanto, podemos reler os vinte e um tipos atrás citados para descrever alunos: será igualmente fácil fazer a transposição dessas características para os professores e vice-versa. Ou seja, cada qual no seu papel, professores ou alunos podem vestir-se com os tipos elencados – e todos perceberemos quanto tais tipos são pertencentes às características da personalidade humana. Entretanto, as maiores reclamações dos professores surgem para os alunos do tipo gorila, mimado, sadim e vítima.

Professor nota 10

É o *atualizado, competente, ético e integrado relacionalmente*. É aquele que, a partir de episódios práticos e cotidianos dos alunos, consegue introduzir os conhecimentos teóricos, para que os estudantes passem a dominar o fenômeno. Ele consegue despertar no aluno o desejo de aprender pelo prazer de saber. São os construtores do futuro do Brasil, porque são mestres na formação dos cidadãos felizes, competentes, educados, éticos e progressivos.

Cada cidadão ético, competente, feliz e progressivo traz dentro de si a imagem viva de um desses educadores e sempre demonstra gratidão e reconhecimento pela sua ajuda, homenageando-o sempre por tê-lo acompanhado desde os tempos de estudante.

O tipo perfeito de professor é o que tem a capacidade de se adaptar às características do aluno com a finalidade de estabelecer um bom relacionamento para o aprendizado.

Os bebês e as crianças foram os grandes mestres de Piaget, o pai do Construtivismo.

Os adolescentes foram os meus mestres, porque eles me ensinaram como funcionam! Eu simplesmente teorizei seus funcionamentos quando criei a *Teoria do Desenvolvimento Biopsicossocial da Puberdade e da Adolescência*, que está em *Puberdade e Adolescência – Desenvolvimento Biopsicossocial*.

O educador aprende com o seu estudante;

o mestre aprende com o seu discípulo;

os grandes mestres do mestre são seus próprios alunos.

CONCLUSÃO

SOMOS TODOS IGUAIS: temos a mesma carne, respiramos o mesmo ar. Circunstancialmente, um sabe mais do que outro sobre determinado assunto, mas, assim que ensina, e o outro aprende, o saber torna-se um bem comum.

Assim a vida vai irrigando terrenos ingênuos, de onde brotarão mais saberes. As pessoas são como veículos, que tanto podem ser dirigidos por bons quanto por maus motoristas existenciais. Felizmente alguns desses motoristas estão sempre dispostos a aprender novos caminhos.

Conscientes vivem a Integração Relacional na sua plenitude.

Criativos descobrem novas receitas para rotineiras comidas.

Responsáveis praticam os projetos, porque tudo que começa tem um meio e atinge seu fim.

Afetivos vibram com as aventuras e descobertas dos alunos, alimentando a auto-estima de todos.

Sensíveis permitem que suas lágrimas se misturem às que escorrem dos olhos dos outros.

Generosos ensinam os caminhos percorridos com mais amor.

Eternos aprendizes sabem que quanto mais estudam mais seus alunos aprendem.

E assim,

esses sábios professores
transformam o saber
em sabor e alegria de viver.

Içami Tiba

BIBLIOGRAFIA

ALVES, R. *A escola com que sempre sonhei sem imaginar que pudesse existir*. Campinas: Papirus, 2004.

_____ *Educação dos sentidos e mais...* Campinas: Verus, 2005.

BERNHOEFT, R. *Como criar, manter e sair de uma sociedade familiar (sem brigar)*. São Paulo: Senac São Paulo, 2002.

CHALITA, G. *Educação*: a solução está no afeto. São Paulo: Gente, 2001.

COATES, V.; BEZNOS, G. W.; FRANÇOSO, L. A. *Medicina do adolescente*. São Paulo: Sarvier, 2003.

CORTELLA, M. S. & LA TAILLE, Y. *Nos labirintos da moral*. Campinas: Papirus, 2005.

EMMETT, R. *Não deixe para depois o que você pode fazer agora*. Rio de Janeiro: Sextante, 2003.

ESTIVILL, E. & BÉJAR, S. *Nana, nenê*. São Paulo: Martins Fontes, 2003.

FREIRE, P. *Pedagogia da autonomia*: Saberes necessários à prática educativa. São Paulo: Paz e Terra, 2005.

FROST, J. *Supernanny*: How to get the best from your children. New York: Hyperion, 2005.

GOLEMAN, Daniel. *Inteligência emocional*. Rio de Janeiro: Objetiva, 1996.

_____ *Mentiras essenciais, verdades simples*. Rio de Janeiro: Rocco, 1997.

HERCULANO-HOUZEL, S. *O cérebro em transformação*. Rio de Janeiro: Objetiva, 2005.

LA TAILLE, Y. *Limites:* três dimensões educacionais. São Paulo: Ática, 2002.

LUCKESI, C. *O educador:* quem é ele? In: *ABC educativo:* A revista da educação, ano 6, n° 50. São Paulo: Criarp, 2005.

MARINS, L. *Homo habilis:* você como empreendedor. São Paulo: Gente, 2005.

SANT'ANNA, A. S. *Disciplina:* O caminho da vitória. Curitiba: Circuito, 2005.

SAVATER, F. *Ética para meu filho*. São Paulo: Martins Fontes, 1993.

SEIBEL, S. D. & TOSCANO JR. A. *Dependência de drogas*. São Paulo: Atheneu, 2001.

SILVA, A. B. B. *Mentes inquietas*. Rio de Janeiro: Napades, 2003.

TIBA, Içami. *Adolescentes:* Quem ama, educa! São Paulo: Integrare, 2005.

_____ *Anjos caídos:* como prevenir e eliminar as drogas na vida do adolescente. 31 ed. São Paulo: Gente, 2003.

_____ *Ensinar aprendendo:* como superar os desafios do relacionamento professor-aluno em tempos de globalização. São Paulo: Gente, 1998.

_____ *O executivo & sua família:* o sucesso dos pais não garante a felicidade dos filhos. São Paulo: Gente, 1998.

_____ *Puberdade e adolescência:* desenvolvimento biopsicossocial. São Paulo: Ágora, 1985.

_____ *Quem ama, educa!* São Paulo: Gente, 2002.

VITALE, M. A. F. (org.) *Laços amorosos:* terapia de casal e psicodrama. São Paulo: Ágora, 2004.

SOBRE IÇAMI TIBA

Filiação Yuki Tiba e Kikue Tiba
Nascimento 15 de março de 1941, em Tapiraí/SP

1968 Formação: Médico pela Faculdade de Medicina da Universidade de São Paulo – FMUSP

1969 e 1970 Médico Residente na Psiquiatra pelo Hospital das Clínicas da FMUSP.

1970 a 2010 Psicoterapeuta de adolescentes e consultor de famílias em clínica particular.

1971 a 1977 Psiquiatra-assistente do Departamento de Psiquiatria Infantil do Hospital das Clínicas da FMUSP.

1975 Especialização em Psicodrama pela SOPSP – Sociedade de Psicodrama de São Paulo.

1977 Graduação: professor-supervisor de Psicodrama de Adolescentes pela FEBRAP – Federação Brasileira de Psicodrama.

1977 e 1978 Presidente da Federação Brasileira de Psicodrama.

1977 a 1992 Professor de Psicodrama de Adolescentes no Instituto *Sedes Sapientiae*, em São Paulo.

1978 Presidente do I Congresso Brasileiro de Psicodrama.

1987 a 1989 Colunista da TV Record no Programa *A mulher dá o recado*.

1989 e 1990 Colunista da TV Bandeirantes no Programa *Dia a dia*.

1995 a 2011 Membro da Equipe Técnica da APCD – Associação Parceria Contra as Drogas.

1997 a 2006 Membro eleito do *Board of Directors of IAGP – International Association of Group Psychotherapy*.

2001 e 2002 Radialista, com o programa semanal *Papo Aberto com Tiba*, na Rádio FM Mundial.

2003 a 2011 Conselheiro do Instituto Nacional de Capacitação e Educação para o Trabalho "Via de Acesso".

2005 a 2009 Colunista semanal do *Jornal da Tarde*, do Grupo O Estado de S.Paulo.

2005 a 2011 Apresentador e Psiquiatra do programa semanal *Quem Ama, Educa*, na Rede Vida de Televisão.

2005 a 2011 Colunista mensal da Revista Viva São Paulo.

2008 a 2011 Colunista quinzenal no Portal UOL Educação.

> **EM PESQUISA FEITA** em março de 2004 pelo Ibope, a pedido do Conselho Federal de Psicologia, Içami Tiba foi o 1º profissional brasileiro mais admirado e tido como referência pelos psicólogos brasileiros e o 3º no ranking internacional, sendo Sigmund Freud o primeiro, Gustav Jung o segundo. (Publicada pelo *Psi Jornal de Psicologia*, CRP SP, número 141, jul./set. 2004).

> **CRIOU A TEORIA INTEGRAÇÃO RELACIONAL**, na qual se baseiam suas consultas, workshops, palestras, livros e vídeos.

> **SUA COLEÇÃO DE VÍDEOS EDUCATIVOS PRODUZIDOS** em 2001 em parceria com a Loyola Multimídia vendeu mais de 13 mil cópias, e, em 2010, foi gravada em DVDs, tendo vendidas mais de 50 mil cópias.

> **MAIS DE 3.500 PALESTRAS PROFERIDAS** para empresas nacionais e multinacionais, escolas e universidades públicas e privadas, Secretarias Municipais de Educação etc., no Brasil e no exterior.

> **MAIS DE 78 MIL ATENDIMENTOS** psicoterápicos a adolescentes e suas famílias, em clínica particular, desde 1968.

> **TEM 30 TÍTULOS PUBLICADOS**, somando mais de 4 milhões de livros vendidos, sendo:

LIVROS ESGOTADOS

1   *Sexo e Adolescência.* 10ª ed.
2   *Puberdade e Adolescência.* 6ª ed.
3   *Saiba Mais sobre Maconha e Jovens.* 6ª ed.
4   *Adolescência: o Despertar do Sexo.* 18ª ed.
5   *Seja Feliz, Meu Filho!* 21ª ed.
6   *Abaixo a Irritação:* Como Desarmar Esta Bomba-Relógio do Relacionamento Familiar. 20ª ed.
7   *Disciplina: Limite na Medida Certa.* 72ª ed.
8   *O(a) Executivo(a) & Sua Família:* o Sucesso dos Pais não Garante a Felicidade dos Filhos. 8ª ed.
9   *Amor, Felicidade & Cia.* 7ª ed.
10 *Ensinar Aprendendo:* Como Superar os Desafios do Relacionamento Professor-aluno em Tempos de Globalização. 24ª ed.
11 *Anjos Caídos:* Como Prevenir e Eliminar as Drogas na Vida do Adolescente. 31ª ed.
12 *Obrigado, Minha Esposa* 2ª ed.
13 *Quem Ama, Educa!* 167ª ed.
14 *Homem Cobra, Mulher Polvo.* 29ª ed.

SOBRE O AUTOR

LIVROS EM CIRCULAÇÃO

1   *123 Respostas Sobre Drogas*. 3ª ed. São Paulo: Scipione, 1994.

2   *Adolescentes: Quem Ama, Educa!* 43ª ed. São Paulo: Integrare, 2005.

3   *Disciplina: Limite na Medida Certa*. Novos Paradigmas na Educação. 86ª ed. São Paulo: Integrare, 2006.

4   *Ensinar Aprendendo*. Novos Paradigmas na Educação. 31ª ed. São Paulo: Integrare, 2006.

5   *Seja Feliz, Meu Filho*. Edição ampliada e atualizada. 29ª ed. São Paulo: Integrare, 2006.

6   *Educação & Amor*. Coletânea de textos de Içami Tiba. 2ª ed. São Paulo: Integrare, 2006.

7   *Juventude e Drogas: Anjos Caídos*. 11ª ed. São Paulo: Integrare, 2007.

8   *Quem Ama, Educa!* Formando cidadãos éticos. 24ª ed. S.Paulo: Integrare, 2007.

9   *Conversas com Içami Tiba* – Vol. 1.... São Paulo: Integrare, 2008 *(Pocketbook)*.

10 *Conversas com Içami Tiba* – Vol. 2.... São Paulo: Integrare, 2008 *(Pocketbook)*.

11 *Conversas com Içami Tiba* – Vol. 3.... São Paulo: Integrare, 2008 *(Pocketbook)*.

12 *Conversas com Içami Tiba* – Vol. 4.... São Paulo: Integrare, 2009 *(Pocketbook)*.

13 *Família de Alta Performance*: Conceitos contemporâneos na educação. 11ª ed. São Paulo: Integrare, 2009.

14 *Homem cobra Mulher polvo*. (Edição atualizada, ampliada e ilustrada por Roberto Negreiros). 3ª ed. São Paulo: Integrare, 2010.

15 *Educar para formar vencedores*. São Paulo: Integrare, 2010 *(Pocketbook)*.

16 *Pais e Educadores de Alta Performance*. 4ª ed. São Paulo: Integrare, 2011.

> **TEM 4 LIVROS ADOTADOS** pelo Promed do FNDE (Fundo Nacional e Escolar de Desenvolvimento), Governo do Estado de S. Paulo – Programa de Melhoria e Expansão do Ensino Médio.

> › *Quem Ama, Educa!*

> › *Disciplina*: Limite na Medida Certa

> › *Seja Feliz, Meu Filho*

> › *Ensinar Aprendendo*: Como Superar os Desafios do Relacionamento Professor-aluno em Tempos de Globalização

> O livro *Quem Ama, Educa!* foi o livro mais vendido do ano de 2003, segundo a Revista Veja. Também é editado em Portugal, Itália, Espanha.

> Os livros *Quem Ama, Educa!* – Formando Cidadãos Éticos e *Adolescentes: Quem Ama, Educa!* são editados em todos os países de língua espanhola.

Contatos com o autor
IÇAMI TIBA
TELEFAX: 3815-4460 ou 3815-3059
SITE www.tiba.com.br
E-MAIL icami@tiba.com.br

CONHEÇA AS NOSSAS MÍDIAS

www.twitter.com/integrare_edit
www.integrareeditora.com.br/blog
www.facebook.com/integrare

www.integrareeditora.com.br